턴어라운드 4.0

불황을 돌파하는 비즈니스 전략 통찰 34가지

턴어라운드 4.0

초판 1쇄 인쇄 2023년 2월 9일
초판 1쇄 발행 2023년 2월 16일

지은이 이창수

발행인 백유미 조영석
발행처 (주)라온아시아
주소 서울특별시 서초구 효령로34길 4, 프린스효령빌딩 5F

등록 2016년 7월 5일 제 2016-000141호
전화 070-7600-8230　　**팩스** 070-4754-2473

값 17,000원
ISBN 979-11-6958-030-4 (03320)

라온북은 독자 여러분의 소중한 원고를 기다리고 있습니다. (raonbook@raonasia.co.kr)

턴어라운드 4.0

이창수 지음

불황을 돌파하는 비즈니스 전략 통찰 34가지

BUSINESS

TURN AROUND

RAON
BOOK

저자는 오랜 기간 어려움을 겪던 '삼미금속' 외 3개 기업을 실제 현장에서 '도전 경영'을 통하여 모두 성공적으로 회생시킨 기획자이자 행동가이다. 급변하는 환경 속에서 끊임없이 위기가 이어지는 이 어려운 시대에 실패 없는 경영전략을 수립하고 실행해야 하는 기업인들에게 저자의 통찰은 성공하는 기업으로 나아갈 수 있는 훌륭한 나침반이 되어준다.

나홍열 Prudent Asia Management Pte Ltd. 대표이사,
전 씨티그룹 증권 Special Situations Group 한국대표

기업의 장기적인 발전과 성공 리더십의 본질을 알고 싶어 하는 비즈니스 리더들의 필독서! 누구보다도 먼저 변화와 도전을 과감히 선택해 왔던 저자의 통찰력이 빛나는 이 책을 통해 기업인들은 위기를 기회로 만들어가길 바란다.

이만열 미래에셋증권(주) 대표이사 사장

최근 들어 글로벌 경제와 금융시장은 새로운 변곡점을 지나고 있다. 2008년 글로벌 금융위기 이후 금융완화 국면에 진입하여 새로운 호황을 구가하던 글로벌 경제는 최근 들어서는 금융완화로부터의 탈출 및 정치적 이슈에 따른 공급망 불안에 따른 인플레이션-금리 상승으로 완전히 다른 세계로 진입하였다. 지난 10~20년과는 완전히 다른 새로운 환경에서 살아남기 위해 경영자들의 냉정한 고민과 새로운 접근이 필요한 시기다. 이에 저자는 위기의 시대에 사장의 역할부터 시작하여 데이터와 정보, 비전과 목표의 수립, 사업의 턴어라운드를 위한 방안 등에 이르는 전략적 통찰을 제시하고 있다. 특히 저자는 지난 20여 년간 몸소 기업을 경영하며 체득한 철학과 실행 사례를 바탕으로 위기 극복을 위한 핵심 요소들을 정리해 주고 있다. 저자는 기업의 목표와 직원의 목표 그리고 기업의 성과와 개인의 성과를 일치시키고 리더를 중심으로 전 직원이 한방향으로 정렬하여 도전한다면 어떤 위기 상황도 극복할 수 있다는 점을 다수의 경영사례를 통해 입증하고 있다. 위기 극복을 위한 이성적 출발점은 '이해'에 있지만 위기 극복을 위한 실행은 '공감'에서 시작한다. 리더에게 왜 명확한 철학과 소명의식이 필요한지 그리고 그 철학과 소명의식을 임직원과 어떻게 공감하여 위기를 극복할 것인지에 대한 저자의 통찰을 많은 분들과 나누고 싶다.

이석기 교보증권(주) 대표이사

저자는 항상 데이터와 예리한 통찰력에 근거하여 장기적 목표를 설정하고, 전략을 수립하며 다수의 기업을 업계 1등으로 회생시켜왔다. 동시에 선한 가치를 추구하고, 직원과 이해관계자를 배려하는 인간 경영을 몸소 실천하여 훌륭한 성과를 지속적으로 달성했다. 성공적인 미래를 개척하고자 하는 기업의 리더와 리더가 되기를 원하는 이에게 이 책은 훌륭한 참고 사례가 될 것이다.

이종원 화성산업(주) 대표이사 회장

이창수 소장의 대기업, 중견기업, 중소기업, 스타트업 그리고 턴어라운드가 필요한 기업 등에서 얻은 깊은 인사이트와 실제 직원들과 함께 만든 성공 스토리는 어떤 상황에 처해 있는 기업의 경영자라도 경영학의 교과서처럼 늘 곁에 두고 꺼내볼 만한 가치와 필요가 충분하다고 생각한다. 어떤 교수나 컨설턴트가 쓴 책과는 차원이 다른 기업 경영에 바로 적용할 수 있는 실질적인 도움이 되는 훌륭한 실용서이다.

윤성수 ㈜진성티이씨 대표이사

미래의 꿈을 키워라

기업은 사람들이 모여 가치를 창조하고 이를 고객에게 판매하여 수익을 창출하는 곳이다. 그리고 경영자는 직원이 선한 가치를 창조하는 과정을 통하여 경제적 만족과 자아실현을 할 수 있도록 하여 기업의 가치를 극대화하여야 한다. 이것이 가능하려면 회사의 모든 직원이 책임과 권한을 갖고 사장과 같은 마음으로 변화와 도전 경영을 통하여 기업의 지속적인 성장을 가능하게 하는 환경과 시스템을 구축하여야 한다.

이 책은 이런 환경과 시스템을 구축하기 위해 기업과 경영인이 갖춰야 할 전략과 통찰을 정리한 것이다. 무엇보다 내가 경험을 통하여 깨달은 기업 및 경영의 이치를 알기 쉽게 풀어내 누구나 쉽게 기업 경영의 이치와 이론을 이해하고, 내가 경험한 다양한 실제 적용 사례를 통하여 응용할 수 있도록 하는 데 주안점을 두었다. 또 경영자의 역할부터 조직의 구성, 데이터 및 정보의 취득과 활용, 사업 계획의 수립과 실행, 회사 시스템의 구축, 다양한 사업전략 수립 및 도전 경영 실행 사례를 소개하고 있어 기업의 경영 및 어려운 기업의 턴어라운드를 위한 경영 방법에 대하여 구체적으로 설명하였다. 따라서 어려운 기업환경을 극복하기 위하여 미래를 정확하게 예측하고 철저히 기획해서 담대한 도전과 불굴의 정신으로 기업의 성공과 발전을 달성하는 데 참고 서적이 될 수 있을 것이다.

2020년 코로나19로 인하여 전 세계인들은 누구도 상상하지 못했던 삶을 살게 되었다. 영화에서나 있을 법한 상황, 즉, 마스크를 쓰고 다니고 사람 간의 접촉을 피하고 언택트화가 일상으로 자리 잡았다.

지금 세계 경제는 코로나19, 미·중 패권 경쟁, 러시아·우크라이나 전쟁, 물가상승 및 금리인상, 재고증가 및 경기침체 징후 발생 등으로 한 치 앞을 예측할 수 없는 불확실한 상황에 직면하였고, 기업은 매출액 감소, 재고증가 및 수익성 악화가 심화되고 있다. 또한 세계적인 불황 가능성이 증대되면서 많은 기업에서 사업 축소 및 구조조정 작업을 진행할 것이 예상된다. 하지만 기술과 시장의 변화가 빠르고 ICT(Information and Communication Technologies, 정보통신기술) 혁명 및 AI(Artificial Intelligence, 인공지능)

혁명으로 인하여 시장 변화에 맞춘 새로운 제품, 새로운 사업이 빠르게 탄생하고 있는 상황에서 여기에 대한 대응 없이 사업을 축소하고 현재 제품에만 집중할 경우 회사는 얼마 가지 않아 시장을 잃고 커다란 어려움을 겪게 될 것이다.

기업은 이러한 위기 상황에 어떻게 대처하고 또 어떤 관점으로 장기적인 계획을 수립해 미래를 예측하고 어떻게 대비해야 할지 저마다의 답안지를 가지고 있어야 한다. 또한 이를 위해서는 경영자와 직원이 한마음, 한뜻으로 단결하고 도전 경영을 통해 성공적인 변화를 지속적으로 이룩하는 일이 매우 필요하다. 나는 그간 기업 현장에서 어려운 사내, 사외 환경을 극복하기 위한 도전 경영을 많이 실시해 왔다. 이 책에는 내가 사람과 조직을 변화시키고 기업을 성공적으로 턴어라운드 시킨 다양한 경험들이 가감 없이 실려 있다.

책은 크게 5개 장으로 구성되어 있다.

1장 '위기의 시대, 사장으로서 알아야 할 전략 통찰'에서는 정말 중요한 사장의 역할, 전 직원을 사장으로 키워 회사의 발전을 달성하는 방법, 그리고 사장의 자세에 대하여 기술하였다.

2장 '데이터, 정보 경영에 대한 전략 통찰'에서는 사내 및 사외의 데이터를 정의하고 취득하고 분석하여 유효정보를 파악하고 경영에 활용하는 방안에 대하여 기술하였다. 자사, 고객, 경쟁사, 거시환경, 및 산업환경에 대한 분석을 통하여 경영에 어떻게 적용할지에 대한 전략통찰을 읽다 보면, 현재와 미래를 정확하게 분석하여 미래를 예측할 수 있는 통찰력을 키우는 방법을 알게 될 것이다.

3장 '비전과 목표에 대한 전략 통찰'에서는 사업계획 수립 이전에 비전과 목표, 장기사업계획을 수립하고 선택과 집중을 통하여 기존사업과 신사업을 어떻게 기획하고 실행할 것인가에 대한 전략통찰에 대하여 기술하였다.

4장 '시스템 경영을 위한 전략 통찰'에서는 개인과 조직의 시스템을 어떻게 구축하고 이를 지속적으로 발전시키기 위해 어떻게 하여야 하며, 생산성, 수익성, 효율성의 향상을 위하여 재고자산 감축, 생산자동화 시스템을 어떻게 구축할 것인지 그리고 영업중심의 경영시스템을 구축하여 실시간으로 변화하는 환경에 어떻게 대응하고 사업을 성공시킬지에 대한 전략통찰을 제시하였다.

마지막으로 5장 '변화와 도전의 턴어라운드 전략 통찰'에서는 다양한 기업에서 다양한 환경에 맞추어 사업전략을 수립하고 변화에 도전하여 턴어라운드에 성공한 전략 실행 사례들에 대하여 기술하였다. 신제품 개발 성공 사례, 회사의 강점을 레버리지로 활용하여 성공한 다수의 사례들, 미국에서의 소송 사례, 글로벌 기업과 사업제휴를 통한 브랜드 인지도 제고 사례, 신시장 개척 성공사례, 고객사에 대한 가격인상 사례, 가격정책 실행 사례, 회사의 업의 개념을 재정의하여 사업변신에 성공한 사례들을 소개해 기업 경영에 참조할 수 있게 하였다.

기업 전반의 경영 및 전략에 대하여 작성을 하였으므로 처음부터 끝까지 읽을 것을 권하지만, 회사의 상황별로 필요한 부분을 발췌하여 읽어도 무난하도록 구성하였다.

모쪼록 이 책에 소개한 내 경험이 반석과 같은 든든한 기업을 만들고 싶은 경영자, 미래를 예측하고 기업의 성공적인 변화에 도전하고 기업을 성장시키고 싶은 경영자 그리고 이러한 위대한 기업의 목표를 함께 달성하기를 원하는 도전정신을 지닌 직원은 물론이고 현재 어려운 상황에 놓인 기업과 경영자, 새로운 사업을 꿈꾸고 시작하는 개인 및 창업가에게 작지만 힘 있는 도움이 되기를 바란다.

마지막으로 30여 년간 기업에서 밤낮으로 변화에 도전하는 삶이 일상이 되어버린 가장을 옆에서 뒷바라지하고 지지해 준 아내와 두 아이에게 감사하고 미안함을 전하고 싶다. 사랑한다.

2023년 2월

이창수

1장

위기의 시대, 사장으로서 알아야 할 전략 통찰

2장

데이터, 정보 경영에 대한 전략 통찰

3장
비전과 목표에 대한 전략 통찰

4장
시스템 경영을 위한 전략 통찰

5장
변화와 도전의 턴어라운드 전략 통찰

1장

위기의 시대, 사장으로서 알아야 할 전략 통찰

BUSINESS
TURNAROUND

불황의 시기, 사장의 역할은 무엇인가?

위기의 끝을 결정하는 것은 리더이다

    내가 30여 년간 많은 경영자 및 임원들을 만나고 다양한 기업 현장을 겪으면서 느낀 것은 위기의 순간에 높은 성과, 즉 하이 아웃풋(High Output)을 만드는 기업과 그렇지 못한 기업에는 분명히 차이가 있다는 사실이다. 그렇다면 이런 차이는 어디에서 비롯되는 것일까? 내가 경험한 가장 큰 차이점은, 하이 아웃풋을 만들고 발전하고 성장하는 회사의 이면에는 항상 탁월한 리더가 존재했다는 점이다. 그렇다면 기업에서 리더는 누구이고 어떤 역할을 수행하기에 기업의 흥망성쇠에 영향을 미치는가?

    회사(會社)는 사람이 모여서 조직을 구성하고 부가가치를 높인 제품 및 서비스를 생산하고 판매해서 매출과 이익을 창출하고 이 상태를 지속적으로 발전시켜 계속 사업을 하는 곳이라고 생각한다. 사장은 회사의 최고 의사 결정권자이다. 즉, 한 회사를 대표해 회사의 비전과 전략을 수립하고 최종적인 결정을 내리는 최고 경영자를 의미한다.

동일한 직원과 동일한 시스템을 갖고 있지만 리더가 바뀌었을 경우 많은 부실기업의 실적이 개선되고 극적으로 회생하는 사례를 우리는 많이 목격했다. 2010년 파산 직전이던 일본항공의 회장으로 취임한 이나모리 가즈오 회장은 당시 부채가 21조 원에 달했고 매년 5,000억 원이 넘는 적자를 내고 있던 회사를 불과 1년 만에 적자에서 흑자로 반전시키고, 그다음 해부터는 역대 최고 수익을 해마다 경신하는 실적을 기록했다. 리너의 역할이 얼마나 중요한지를 보여준 사건이었다.

이런 사례는 스티브 잡스가 애플에서도 보여줬다. 그가 회사를 떠났던 1985년부터 1998년까지 대규모의 적자를 기록하던 애플은 그가 경영에 복귀하고 나서 바로 흑자로 전환되었고 세계 최고의 창조적인 기업으로 탈바꿈했다. 가즈오 회장과 CEO 잡스는 어떤 역할을 했고 어떤 성과를 냈기에 이들 기업이 위기에서 온전히 살아날 수 있었던 것일까?

부실 회사의 리더가 가지는 5가지 공통점

앞에 거론한 대표적인 리더 외에도 회사를 위기에서 되살린 사장들에게는 공통점이 있다. 이들은 부실화된 회사의 문제점을 1차적으로 파고들었다는 것이다. 부실화된 회사에는 항상 그 원인이 있다. 사장은 경각심을 갖고 회사 내외의 문제점을 파악해서 개선해야 한다. 사장이 문제점에 소홀히 했기 때문에 궁극적으로 회사가 부실화된 것이다. 부실의 직접적인 원인과 그 뒤에 있는 근본적인 원인을 정확하게 파악해서 단계별로 해결해야 한다.

부실화된 회사는 항상 사장의 경영 방식에 문제가 있다. 이 문제점은 대개 5가지로 정리된다.

- 첫 번째, 목표가 불명확하다.
- 두 번째, 자신에게 후하고 직원의 신뢰를 못 받는다.
- 세 번째, 회사에 맞는 시스템이 없다.
- 네 번째, 제품, 기술, 고객, 시장, 경쟁사의 변화를 먼저 예측하지 못하고, 회사의 장단점을 이해하지 못해 경쟁력 있게 사업을 추진하지 못한다.
- 다섯 번째, 변화와 도전에 대한 실행력이 없다.

문제점의 원인을 살펴보면 모두 사장에게서 그 원인을 찾을 수 있다. 문제의 근원이 사장이어서, 마땅히 회사를 성공적으로 회생시키고 발전시키기 위해서는 그 사장에게서 해결 방안을 찾아야 한다.

문제점에서 벗어나는 5가지 솔루션

나는 스스로의 자질이나 경험 부족으로 인해 경영의 위기에 처한 사장들에게 다음과 같은 해결책을 제안하고 싶다.

첫 번째, 사업을 하는 목표와 이유가 분명해야 한다

사장은 사업을 왜 하는지에 대한 명확한 철학이 있어야 한다. 단순히 돈을 버는 것이 목표라면 굳이 어려운 사업을 할 필요가 있겠는가? 강남에 아파트나 건물을 매입해 과거 10년간 보유하고 있다면 투자 수익은 200%, 300%가 넘을 것이고, 대출을 받아 부채를 활용했다면 더 높은 수익을 올렸을 것이다.

명확한 철학이 없다면 급변하는 환경에 끊임없는 위기를 극복하며 기업을 지속적으로 발전시킬 수 없다. 사업을 하면서 무엇을 달성하고 싶은지 명확히 해야 한다. 기업의 수익을 창출해 직원과 직원 가족에게 사랑과 평안하고 풍족한 삶을 제공하고 싶은지, 소명의식을 갖고 세상에 없는 새로운 가치를 창조해서 고객에게 행복을 제공하고 싶은지, 이를 통해 사장 본인은 정말 개인적인 삶의 의미를 부여할 수 있는지 목표를 명확히 해야 한다. 사장의 명확한 철학이 기업의 성공과 미래를 결정한다.

두 번째, 자신에게 엄격하고 동료와 고객에게 믿음과 신뢰를 받아야 한다

유교 경전 《대학(大學)》의 8조목 중에 '수신/제가/치국/평천하'라는 조목이 있다. '스스로 수양해 인성을 갖춘 이가 가정을 잘

다스리면 그 나라 또한 평안하고 온 세상이 태평할 수 있다'는 말이다. 나는 이 조목이 기업 경영에도 똑같이 적용된다고 생각한다. 급격한 변화와 치열해지는 기업 간의 경쟁으로 인해 인간의 감정이 메마르게 되고 인성이 파괴되어서 기업 경영에서도 상식과 질서가 파괴된다. 이러한 회사는 회사의 비전 및 목표를 달성하기 위한 경영 활동이 정상적으로 이루어질 수 없고 직원들도 정성을 다해 업무를 수행하지 못할 것이다.

리더는 업무역량뿐만 아니라 인품으로도 부하직원에게 감동을 줘야 한다. 리더는 명확한 지시를 내리는 동시에 자신이 세운 목표나 과제를 달성하는 모습을 스스로 보임으로써 부하직원이 본받을 수 있는 대상이 되어야 한다. 상사가 지시해서 시행한 업무의 결과가 좋을 때는 부하직원에게 그 공을 돌리고, 결과가 좋지 않은 경우에는 상사가 책임지는 자세를 가져야 한다. 이럴 경우 부하직원은 업무 도중에 어려운 일이 생겨도 문제를 해결하기 위해 최선을 다할 것이다.

세 번째, 사물의 이치를 파악하는 통찰력을 키워야 한다

인류는 역사적으로 경험하지 못한 혁명적인 기술의 발전, 디지털화, 시장의 언택트화 등 급격한 변화의 시대를 살고 있다. 리더에게 이러한 변화를 파악하고 미래를 예측할 수 있는 통찰력이 없다면 기업은 생존이 어려워지고 발전할 수 없다. 사장은 끊임없이 공부해 지식과 지혜를 축적해야 한다. 고객, 제품, 기술, 시장을 더 깊이, 더 넓게, 더 치밀하게 파악해야 한다. 즉, 다양한 관점에서 데이터를 분석해 이치를 파악하고, 다른 사람이 보지 못하는 미래를 예측하고 가장 중요한 문제점을 찾아 창의적으로 해결해야 하는 것이다. 경쟁사보다 빨리 문제점을 파악해 차별화 전략을 수립하고 해결하는 것이 기업의 성패를 좌우한다.

네 번째, 담대한 목표를 수립하고 공유하고 실행해야 한다

가슴 뛰는 비전과 명확한 목표를 가지고 있지 않은 사람이나 기업은 역량이 분산되어 목표를 달성할 수 없다. 특히 중소기업의 경우는 인력과 자원이 부족해서 여러 가지 목표를 수립하는 것은 처음부터 어느 것도 하지 않겠다는 말과 동일하다. 명확한 목표는 조직의 모든 역량을 한곳을 향해, 한방향을 향해 나아가도록 한다. 따라서 뛰어난 리더는 자신의 힘으로 회사나 조직을 1등으로 키우는 것이 아니라, 가슴 뛰는 비전과 명확한 목표를 제시하고 모든 임직원이 동일한 비전과 목표에 공감하고 열정으로 함께 한방향으로 나아가게 해야 한다. 임직원의 힘과 지혜로 회사나 조직을 1등으로 키우는 것이다.

다섯 번째, 변화와 도전 경영에 목숨을 걸어야 한다

기업 세계는 냉혹하다. 수많은 기업들이 생겨나지만, 30년 이상 버티는 기업이 드물다. 최근 미국 대기업 2,000개를 대상으로 조사한 결과에 따르면, 기업의 평균 수명은 10년밖에 되지 않는다고 한다. 그 이유는 세계 시장의 통합으로 국가를 넘어 기업 간의 경쟁이 훨씬 더 치열해지고, 기술의 혁명적 발달로 제품의 생명주기가 짧아졌기 때문이다. 이와 더불어 1등 기업이 모든 것을 독식하는 승자독식 사회가 되어가고 있기 때문에 경쟁에서 뒤처질 경우 2등 기업도 생존을 장담할 수 없는 시대가 되었다.

변화를 리드하느냐 거부하느냐

삼성전자 선 CEO인 윤종용 부회장은 CEO로 재임 시 매년 임원에게 개별적으로 편지를 보냈다. "변화를 리드하느냐 아니면 변화를 거부하느냐"가 편지의 주요 내용이었다. 임원에게 가장 중요한 임무가 담당 업무를 성실히 수행하는 것이 아니라 급변하는 고객, 제품, 기술, 시장의 정보에 민감해하고, 본인과 조직을 '변화'에 맞춰 도전하고 발전시키는 것이라고 판단했기 때문이다. 세상이 급변하고 있는 4차 산업혁명의 시대에 현재 상태에 만족하고 안주하는 기업은 미래를 기약할 수 없다. 또한 현재 어려움을 겪고 있는 기업은 기업 내부와 외부에 문제점이 있어서 어려움을 겪고 있는 것이다. 현재 상태에 안주하고 있는가? 위기에 봉착했는가? 용기를 가지고 변화에 도전하자. 불굴의 의지와 할 수 있다는 믿음으로 변화와 도전을 끝까지 실행하고 완수하는 사장만이 급변하는 시장에서 도태되지 않고 위기를 기회로 만들 수 있다.

사업 단계별로 성과 내는 조직을 만들자

사업 초기 회사의 '업'에 맞춘 조직을 구성하자

회사의 조직 형태는 크게 사업별 조직과 기능별 조직으로 분류할 수 있다. 기업의 경영 규모가 확대되고, 기술 혁신이 가속화되고, 다양한 사업으로 시장을 확대해 나가면서 이런 확장에 능동적으로 대처하기 위해서는 한 사람의 최고경영자가 모든 사업을 관리하는 것이 어렵게 되었다. 따라서 조직을 사업별로 독립적으로 운영해야 할 필요성이 대두되었다. 사업별 조직이란 사업별로 독립적인 조직을 두고 권한을 위임해 책임경영을 하게 하는 조직 형태를 말한다. 이에 반해 기능별 조직은 수평적 분업 관계에서 연결되는 여러 전문 기능별 리더들이 각기 그 전문적 입장에서 모든 직원을 지휘하고 감독하는 조직체계이다.

초기 회사를 설립할 때는 남들이 갖지 않은 새로운 가치를 창출할 수 있는 아이디어를 갖고 그 아이디어를 실현할 수 있는 제품 또는 서비스를 개발하게 된다. 그러다 제품의 개발이 끝나면 생산과 영업을 시작하게 되고 자연스럽게 조직이 구성된다. 이때 회사는 추구하는 '업의 본질'과 회사가 가진 강점과 약점이 무엇인지를 확실하게 파악해서, 그 '업'이 나아갈 방향과 회사의 강점을 살릴 수 있는 조직의 형태를 고민해서 조직을 구성해야 한다.

　회사가 추구하는 '업'이 연구 중심의 회사인지, 대량 설비 구축을 통한 생산 중심의 회사인지, 고객과의 연결성을 강조한 플랫폼 회사인지, 타사 제품을 구매해 판매하는 판매 중심의 회사인지 등 업의 본질에 맞춰서 회사의 역량을 집중할 수 있도록 조직의 형태를 구성해야 한다. 연구와 기술 혁신이 중요한 회사는 전문가가 연구와 사업을 책임지고 운영할 수 있도록 기능 중심의 조직을 구성해야 한다. 영업 중심의 회사는 고객의 니즈(Needs)에 맞춰 빠른 대응을 할 수 있는 사업 중심의 조직이 유리하다.

사업이 성장하면 조직의 형태도 바뀌어야 한다

　중소기업의 경우 사업 초기에는 제품이 하나이기 때문에 자연스럽게 단일 사업 조직이 되고 한 가지 사업에 중점을 두게 된다. 그러다 점차 회사가 성장하면서 제품의 수가 하나

둘씩 늘어가고 직원의 수가 늘면 조직은 기능별 업무를 수행하는 부서들로 재편된다. 조직은 자연스럽게 단일 사업 조직에서 기능별 조직으로 변경된다. 기능별 조직으로 조직 구성을 완료했는데, 또 다른 문제점이 생기기 시작한다. 과거 단일 사업 조직일 경우는 전 직원이 하나의 제품에 집중해 개발, 생산, 판매를 했기 때문에 정보 취득, 의사 결정, 업무의 실행이 빠르게 이루어질 수 있었다.

반면에 기능별로 조직이 구성될 때는 부서별로 여러 제품을 동시에 검토하고 타 부서와 협의를 거쳐 업무를 하기 때문에 과거와 같은 빠른 속도로 업무를 할 수 없는 상황에 놓인다. 정보통신기술 혁명으로 판이 빠르게 바뀌는 시대의 경쟁 환경에서는 정보 공유, 의사 결정, 업무 수행이 늦어진다면 곧 회사의 경쟁력 약화와 위기를 초래한다. 따라서 부서를 통합해 조직을 단순화하고, 기능별 조직의 약점을 보완할 수 있는 프로젝트 조직을 혼용하고, 조직을 효율적으로 운영할 수 있는 시스템을 구축해서 조직의 형태를 보완해야 한다.

나는 기능별 회사의 단점을 극복하고 빠른 정보의 공유, 의사 결정, 업무 수행을 위해 3가지 방안을 제안해 실행했다.

부서를 통합해 여러 기능을 한 부서에서 수행하기

부서를 통합하면 결재 라인을 줄이고 업무를 종합적으로 빠르게 처리할 수 있는 효율성 면에서 큰 장점이 있다. 이 경우 부서를 맡아 종합적으로 업무를 수행할 수 있는 리더를 선발하는 것이 중요하다. 업무 수행 능력, 책임감, 업무에 대한 열정, 도전 정신이 있는 리더가 있어야 여러 부서의 업무를 통합해 일을 잘 수행할 수 있기 때문이다.

개인적으로 회사를 빠르게 혁신하기 위해서 여러 부서를 통합한 경우가 여러 번 있었다. 예를 들면 생산부, 생산관리부, 품질팀을 생산부로 통합해 운영했고, 기획팀과 자금, 회계팀을 통합해 운영했다. 영업과 A/S 조직을 통합한 적도 있었다. 이렇게 했을 때 정보 공유, 의사 결정, 업무를 빠르게 실행할 수 있었고, 회사의 신사업과 업무 개선을 빠르게 추진해 성과를 단기간에 올릴 수 있었다.

독립적인 사업 조직을 구성하는 매트릭스 조직 형태

이 방식은 서로 다른 기능 부서의 전문 인력들을 프로젝트 조직으로 구성해 의사 결정의 속도를 높이는 데다 신속한 의사소통과 효율적인 인력 활용 면에서 장점이 있다. 하지만 기존 기능 부서의 리더와 프로젝트 리더 두 명의 지시를 받아야 하므로 종종 갈등이 생기고 조직이 혼란스러워질 수 있다. 이런 문제점을 방지하기 위해서는 특별한 목적을 달성하기까지 프로젝트 조직(Task Force)를 구성해 인력과 자원을 배분해서 한시적으로 운영하는 것이 좋다. 나 역시 신제품 개발, 재고 감축, 원가 절감, 불량률 감소 등 회사의 중요한 목표를 달성하기 위해 프로젝트 조직을 구성해서 단기간에 뛰어난 성과를 달성할 수 있었다.

회사의 조직 형태와 개별 회사 상황에 맞춰 시스템을 구축하기

회사의 조직 형태는 변화되었는데 운영 시스템이 제대로 구축되어 있지 않다면 개개인의 역량을 조직적으로 모아서 성과를 낼 수 없다. 회사의 발전 단계에 따라 설립 초기에는 연구개발 조직이 중심이 되고, 개발이 완료되면 생산 조직, 영업 조직으로 중심이 옮겨가게 된다. 기존 사업이 정체되면 새로운 신사업을 추진하는 기획 조직이 중심이 되고, 회사의 인력과 조직이 커지면 관리 조직이 중요하게 된다.

많은 회사들이 이러한 회사 상황을 고려하지 않고 타사에서 구축된 시스템을 참조해 시스템을 구축하거나 과거에 구축된 시스템을 상황 변화에 따라 개선하지 않고 그대로 적용한다. 이럴 경우 효율적으로 조직을 운영할 수 없다. 회사의 조직, 사업의 형태, 회사의 상황, 직원, 문화가 동일한 회사는 세상에 하나도 없기 때문이다.

따라서 개별 회사의 조직 형태와 상황에 맞춰 회사의 시스템을 구축하는 것이 성과를 내는 조직을 만들기 위해 중요하다. 나는 항상 새로운 회사에 부임을 하면, 현재 회사 상황에 맞춰 조직 및 개인의 시스템을 새로 구축해서 경영의 효율성을 높여 실적을 향상시켰다.

우리 회사는 전 직원이 사장이다

사장은 일과 자신을 동일시한다

2022년 하반기에 최고 인기를 누린 JTBC 드라마 〈재벌집 막내아들〉에서 순양그룹 진양철 회장은 자식들을 모아 놓고 이렇게 말한다. "너희들 알지 않나. 내가 제일로 사랑하는 자슥이 누군지 니 모르나? '순양'이다. 경영을 잘하는 실력 있는 자식에게 물려줄 것이데이."

진 회장은 자신이 가장 중요하다고 생각하는 회사에 열심히 공을 들이고 회사를 성장시켰다. 다른 어떤 것보다 회사를 키우는 일에 헌신했고, 그 일을 자신과 동일시하고 회사의 성취를 자신의 성취로 일치시켰다. 즉, 자아실현 욕구를 충족시킨 것이다.

인간은 누구나 자신이 중요하다고 생각하는 일을 열심히 하고 몰두할 때 그 일과 자신을 동일시하고 일의 성취를 통해 행복감을 느낀다. 미국의 심리학자 에이브러햄 매슬로(Abraham Maslow)는 《인간 욕구를 경영하라》(왕수민 역, 리더스북, 2011)에서 이러한 행복감에 대해 다음과 같이 말했다.

> 내가 아는 행복한 사람들은 모두 자신이 중요하다고 생각하는 무언가에 열심히 공을 들이는 사람들이다. 뭔가 대단하고 중요한 일에 몰두하고 헌신할 때, 그리고 그 일을 자신과 동일시할 때 표현되는 고차원적인 욕구에 의해 (인간은) 고차원적인 동기를 갖게 된다.

경영자는 일의 성취를 통한 행복감을 전 식원이 함께 느낄 수 있게 해야 한다. 또한 직원에게 비전과 목표를 제시하는 동시에 믿음, 끊임없는 노력, 솔선수범, 인간미를 보임으로써 감동을 줘야 한다. 지속적인 교육과 코칭으로 직원 한 사람 한 사람을 회사의 주인, 즉 사장으로 키워야 한다.

사장이 혼자 목표를 세우고 전략을 수립하고 조직을 동원해 성과를 내는 것은 불가능하다. 사장의 업무를 직원들이 수행하게 하라. 전 직원을 사장으로 키우고 다수의 직원이 사장이 하는 업무를 같이 하게 하라. 사장이 한 명인 회사와 전 직원이 사장인 회사 중 어느 회사가 좋은 실적과 성공을 달성할 수 있는지는 자명하다.

그렇다면 어떻게 해야 전 직원을 사장으로 만들고 회사의 발전과 개인의 발전을 일치시킬 수 있을까?

전 직원을 사장으로 키우는 방법

회사의 발전과 개인의 발전을 일치시키고 전 직원을 사장으로 키우기 위해서는 사장이 직원 개개인으로 하여금 업무 성취에서 만족감을 얻도록 해야 한다. 또한 개개인의 만족감을 동료 및 조직과 함께 성취하는 만족감으로 발전시켜야 한다. 그러기 위해서는 개인의 성취와 동료 및 조직의 성취가 일치한다는 것을 깨닫게 해야 하며, 그로부터 만족감을 더 높일 수 있어야 한다. 물론 업무 성취로 이룩한 성과를 보상 체계를 통해 조직과 개인이 함께 나눌 수 있게 해서 이런 만족감을 극대화하는 일도 전 직원을 사장으로 키우는 데 필요한 선결 조건이다.

개인의 능력이 일부 떨어지더라도 선한 동료와 선한 조직이 도와 개인의 능력을 향상시키는 분위기와 시스템을 구축해서 전 직원의 성취 욕구와 자아실현 욕구를 만족시켜야 한다. 이런 분위기가 조성되고 시스템이 구축될 때 기업의 실적도 지속적으로 향상될 수 있다. 무엇보다 회사에서 개인이 업무를 하며 자기 자신의 성취 욕구를 만족시키고 자아실현을 할 수 있게 하는 것이 기업 경영의 요체이다.

그렇다면 어떻게 직원과 조직이 업무에서 성취 욕구와 자아실현 욕구를 달성하게 할 수 있는지 내가 경험하고 주도한 사례를 소개하려고 한다.

첫 번째, 전 직원이 동의하는 가치 있는 비전과 목표를 설정해야 한다

전 직원이 지향하는 목표가 가치 있는 목표가 되어야 직원들은 기업의 목표를 본인의 목표와 일치시키고 이 목표를 달성하기 위해 전념을 다할 수 있다. 기업의 목표가 선하지 않거나 잘못된 것이거나 불분명할 때, 직원은 전념하기 어렵고 목표를 달성하더라도 성취감을 느낄 수 없게 된다.

두 번째, 변화에 도전할 수 있는 리더를 선별해야 한다

'변화에 도전할 수 있는 리더'란 자아실현 욕구가 강하고 도덕성과 업무적 능력을 갖춘 이들을 말한다. 사장은 이런 직원들을 리더로 선별하고 강력히 육성해야 한다. 나는 먼저 각 부서의 장을 대상으로 이러한 자질과 능력을 갖춘 인원을 선발해서 조직을 리드하게 하고 변화에 도전하게 했다. 사장이 기업 대표로서 회사의 목표를 제시하지만, 부서의 목표 및 전략의 수립, 실행에 관해서는 부서장에게 철저하게 책임과 권한을 위임하도록 하고, 나머지는 회사 차원에서 지원과 코칭만을 담당하려고 노력했다.

세 번째, 선별된 리더들이 변화에 도전하게 해야 한다

선발된 각 부서의 장은 회사의 비전과 목표에 일치하는 각 부서의 목표, 전략, 실행을 주도적으로 설정해 추진하게 했고, 나는 이들이 도전적인 목표를 성공적으로 달성할 수 있도록 지속적으로 지원과 코칭을 했다. 사람은 권위적이고 고압적인 지시를 받고 일할 경우 수동적이 되고 창의적인 생각과 도전을 할 수 없게 된다. 따라서 각 부서의 장에게 책임과 권한을 위임하고, 각자 사장으로서 주체적으로 변화에 도전할 수 있게 했다.

특히 MZ세대는 개인의 신념이 강하고 본인의 개성을 중요시하므로 권위적인 지시가 통하지 않는다. 본인이 스스로 목표를 정하게 하고 스스로 전략을 짜고 실행하게 할 때 더 큰 효과를 볼 수 있고, 이러한 성취감을 즐기는 성향이 있으므로 목표를 달성할 경우 더 큰 만족감을 느낄 것이고 더 큰 성과를 낼 것이다.

네 번째, 선별된 리더들이 변화를 리드하게 해야 한다

나는 각 부서장이 도전 성과를 달성할 때, 이러한 성과가 본인뿐만 아니라 동료, 조직에 확산될 수 있도록 성공 사례에 대한 칭찬과 격려 이외에 보상을 확실하게 해서 도전과 변화에 성공한 직원에게 금전적, 사회적, 자기만족의 욕구를 충족시켜 주었다.

이렇게 한 결과 각 부서장은 본인의 자아실현 욕구를 충족시키고 자신에 대한 자존감을 높여, 더 큰 자신감으로 더 큰 변화에 도전하게 되었다. 또한 이러한 성공은 동료와 조직에 파급되어 더 많은 직원이 변화와 도전에 동참하게 만드는 결과를 낳았다. 이처럼 자신의 성취를 동료 및 조직과 나누는 것은 개인은 물론 조직에게 더 큰 성취욕을 전파하는 일이 되며, 다른 동료의 도전을 지원하면서 그 성취욕을 배가시키는 원동력이 된다. 따라서 직원, 동료, 조직이 함께 자아실현 욕구에 대한 만족감을 공유하고 충족시킬 수 있다면, 회사는 변화에 성공할 것이고 이 변화를 기반으로 더 큰 도전과 더 큰 성취를 이뤄내고 지속적으로 발전할 수 있을 것이다.

전 직원이 사장으로 일하는 문화를 만들자

전 직원이 사장이 되어, 일에서 금전적인 보상을 받고 자기만족 욕구를 충족하고 궁극적으로 자아실현 욕구를 충족하게 하라. 일방적인 지시를 받고 일하는 아래 직원이 아닌, 직원 한 사람 한 사람이 사장으로서 주도적으로 회사의 목표에 맞춰 자신의 목표를 설정하고 전략을 세우고 도전하고 실행하게 하자. 사장은 직원이 성공할 수 있도록 지원하고 코칭하고, 성공할 경우 칭찬하고 보상하자.

무엇보다 사장은 직원의 자아실현 욕구를 충족시켜야 한다. 직원 한 사람을 사장으로 키우면, 그 직원이 동료를 도와 동료가 새로운 사장으로 클 수 있도록 지원하게 하라. 이러한 도움은 본인에게 더 큰 성취욕구를 불러일으킬 것이고, 조직에는 더 긍정적인 변화를 일으켜 도전의 장을 제공할 것이다. 이러한 시스템이 회사의 분위기와 문화로 발전할 때 전 직원이 모두 진정한 사장이 될 것이고 진정한 경쟁력이 생길 것이다. 이러한 문화가 조성된다면 회사의 지속적인 성공과 도전이 가능해진다.

고객 만족 전에 직원 만족이 우선이다

고객 만족 경영이 우선인가?

많은 회사의 홈페이지나 신문의 기업 홍보 기사를 보면, 경영자가 자사의 제품 및 서비스를 통해 고객 만족, 고객 가치 제고 또는 주주 가치 제고에 최우선의 가치를 둔다는 글을 쉽게 볼 수 있다. 하지만 고객 및 주주의 가치를 제고하고 만족시키기 위해서는 기업은 고객의 가치를 높여줄 제품 및 서비스를 개발하고 생산하고 판매해서 고객에게 전달하고 매출과 수익을 발생시켜야 한다. 이러한 가치 창조는 사장 혼자서 할 수 있는 것이 아니다.

그렇다면 시장, 기술, 대외 환경이 급변하고 한 치 앞도 내다볼 수 없는 시대에 경쟁하고 있는 기업은 어떻게 이러한 변화에 대응하고 고객을 만족시키는 제품 및 서비스를 개발하고, 경쟁을 통해 성장하고 발전할 수 있을까?

기업은 사람을 모아 조직을 구성해 하나의 유기체처럼 움직이고, 기업의 목표를 달성하기 위해 전 직원이 각자 맡은 바 소임을 다하고 서로 협조해 차별화된 가치를 창조하는 것이다. 즉, 직원이 합심해 가치를 창조하고 고객에게 그 가치를 제공하는 것이다. 고객과 주주의 가치를 제고하려면 우선적으로 직원을 만족시켜야 한다. 전 직원이 기업 가치 제고라는 목표를 위해 한마음 한뜻으로 노력할 때 기업이 원하는 가치를 달성할 수 있는 것이다.

한국의 경우 산업화 초기 경제적으로 가난하고 물자와 음식물이 부족한 때는 높은 급여, 좋은 잠자리, 즉 경제적인 욕구를 충족시켜주면 직원이 만족하는 시대도 있었다. 하지만 지금은 경제가 발전해서 기본적인 경제적 욕구가 충족된 상황이다. 이런 시대에 어떻게 업무상 즐거움과 성취감을 느끼게 하고, 어떻게 개인의 성취와 발전을 기업의 성취와 발전과 일치시켜 기업의 가치를 창조하고 기업의 성장을 확보할 수 있을지 고민해야 한다.

나는 경영 현장에서 많은 경험을 하면서 직원 만족이 업무 성과와 기업의 발전으로 이어지는 결과를 직접 볼 수 있었다. 다음은 내가 체득한 '직원 만족'과 관련한 이야기이다.

'일'에서 직원을 만족시켜라

사업의 성공은 직원들이 얼마나 주인의식을 갖고 자신들의 지혜와 능력을 잘 발휘해 성과를 달성하느냐에 달려 있다. 어떻게 해야 직원은 주인의식을 갖고 일에서 만족감과 자존감을 느끼고 본인의 성취를 이루게 할 수 있을까? 어떻게 해야 이러한 성취가 동료의 성취 및 조직의 성취와 일치하게 하고, 이런 변화를 통해 더 큰 성취감을 느끼게 할 수 있을까? 직원이 일에서 만족과 성취를 느끼지 못하는데, 어떻게 제품 및 서비스의 가치를 높이고 고객을 만족시킬 수 있겠는가? 고객을 만족시키기 전에 직원을 만족시켜서 회사의 제품, 서비스의 가치, 기업의 가치를 향상시켜야 한다. 일에서 직원을 만족시키기 위해 5가지 제안을 하려고 한다.

첫 번째, 경영자는 직원을 존중하고 최선을 다해야 한다

경영자는 직원을 존중하고 올곧은 성품, 성실성, 지혜, 도전 정신으로 회사를 경영해야 한다. 직원이 이러한 경영자에 감동해 진심으로 마음이 움직일 때 경영자와 한마음 한뜻이 될 수 있고 일에 최선을 다할 수 있다. 경영자가 나쁜 성품을 갖고 성실하지 않고 직원을 존중하지 않을 때, 경영자는 직원의 마음을 상하게 하고 기업의 성과를 파괴한다. 아무리 좋은 기술과 강점을 가진 회사라도 성품이 나쁘고 불성실한 경영자가 경영을 하는 한 기업의 성공과 발전을 이룩하기는 어렵다.

두 번째, 회사가 추구하는 가치와 일이 선하고 고객과 사회에 기여해야 한다

회사가 추구하는 일이 가치가 없다면 어떻게 직원이 일을 하며 가치를 느낄 수 있겠는가? 회사의 선한 가치를 추구하는 일을 자신이 수행하는 일과 동일시할 때 직원은 회사의 높은 가치를 추구하는 일을 자신의 목표로 삼아 더 큰 만족과 행복감을 갖게 될 것이다.

세 번째, 회사의 성공에 대한 확신을 줘야 한다

경영자는 회사의 비전과 목표를 설정하고 이를 달성할 수 있는 구체적인 전략과 실행 계획을 제시하여 사업의 성공과 기업의 밝은 미래에 대한 확신을 주어야 한다. 사업에 대한 확신과 경영자에 대한 신뢰가 있어야 직원은 도전할 의지를 북돋우고 일에 전념할 수 있게 된다. 직원이 사업의 성공을 확신하지도 않고 미래를 부정적으로 본다면, 어떤 좋은 계획과 미사여구를 동원해도 직원에게 도전의식을 고취시키고 변화를 실행하게 할 수 없다. 확실한 목표 제시, 명확한 전략, 세밀한 실행 계획, 성공에 대한 확신을 제공하고, 전 직원이 한마음 한뜻으로 변화에 도전하게 해야 한다.

네 번째, 자율적인 조직 문화를 만들어야 한다

경영자가 권위주의적인 방식으로 경영해서는 업무상 직원의 만족도를 충족시킬 수 없다. 특히 MZ세대의 경우는 개인적으로 일에서 재미를 느끼고, 성장하고, 일에서 자기 자신을 발견하고 성취감을 느끼길 원한다. 권위주의적인 지시 위주의 방식으로 업무를 진행하면, 의사소통의 부재로 불신이 싹트거나 팽배해지고 심지어 개인의 존엄성을 상실시켜 조직을 무기력하게 만들고 직원의 성취 욕구를 꺾을 것이다.

직원에게 모든 정보를 공유하고, 회사의 목표에 부합하는 목표를 자발적으로 세우고, 최선을 다해 실행하고, 목표를 달성해 행복감을 느끼게 해야 한다. 이러한 행복감이 충만해서 동료와 조직에 파급될 때 전 직원은 열정과 헌신으로 탁월한 업무 성과를 달성할 수 있다. 경영자는 이러한 열정, 행복, 창의성, 혁신성이 충만한 조직 환경을 만들어야 한다.

다섯 번째, 일의 추진 과정과 성취에 칭찬하고 보상해야 한다

기본적으로 보상은 경제적인 이익을 제공해서 경제적 욕구를 충족시킨다. 하지만 과거보다 경제적으로 풍요로워진 현대에서는 이보다 더한 효과가 있다. 칭찬과 보상으로 개인의 경제적 욕구뿐만 아니라 지위, 성공, 자기존중 욕구를 만족시키는 것이다. 그리고 일에 도전해서 목표를 달성하고 개인의 성공과 성장을 성취했을 때 직원은 자아실현 욕구를 충족시킬 수 있고, 개인의 성취를 조직과 연결시킬 때 더 큰 성취감을 갖게 될 것이다. 이러한 성취 경험은 동료와 조직에 시너지 효과를 제공하며 또 다른 담대한 도전을 할 수 있게 한다.

이상과 같은 경영 방식으로 직원을 만족시키고 담대한 도전에 동참시킬 때 기업은 성공과 발전을 보장할 수 있을 것이다. 기업은 성장과 발전을 통해 고객에게 제공하는 가치를 제고하고, 그 결과 고객을 만족시키게 된다. 일을 통해 행복을 추구하고 만족도가 증가하는 직원이 하나둘 늘어나고 조직 전체가 일에서 성취 욕구와 자아실현 욕구를 충족시킬 때 기업은 발전하고 성장할 것이다. 즉, 일에서 행복감을 느끼는 직원이 증가할수록, 회사의 성공을 자신의 성공과 일치시킬수록 고객에게 제공하는 가치, 제품과 서비스의 가치는 더 높아질 것이고, 고객 만족도 증가와 기업의 수익 증가로 이어질 것이다.

창의적이고 혁신적인 문화를 만든다

직원은 잠자는 시간을 제외할 때 하루 대부분의 시간을 회사에서 일하며 보낸다. 회사에서 본인이 수행하는 일이 매우 가치 있는 일이며, 가치 있는 일을 하는 본인도 매우 가치 있는 사람임을 느낄 수 있어야 하며, 그 결과 일을 완성함으로써 행복감을 느끼고 회사에 인정받는 존재가 되게 해야 한다.

한 사람의 행복감이 동료에게 전파되고 조직 내에 전파되어 긍정적인 환경이 조성될 때 회사는 진정한 혁신과 창조를 이룰 수 있는 환경을 만들 수 있다. 권위주의적인 경영 방식이 아닌 민주적이고 자율적인 경영 방식으로 조직 내 혁신과 창조적인 분위기를 만들고, 직원의 성과에 칭찬과 보상을 해서 직원에게 일과 성과에 대한 자긍심, 사회적인 인정을 받을 수 있게 하라. 창의적이고 혁신적인 문화 속에서 직원이 자긍심을 높이고 자아실현 욕구를 충족시킬 때, 직원은 더 큰 도전과 성공으로 조직에 보답할 것이다.

2장

데이터, 정보
경영에 대한
전략 통찰

BUSINESS
TURNAROUND

유효 정보를 얻었다면 즉시 실행하자

'조삼모사' 경영 계획

윤종용 전 삼성전자 부회장은 "아침 저녁으로 계획 바꾸는 조삼모사 경영 필요"라는 의견을 매일경제신문 인터뷰를 통해 제안했다(최승진, "윤종용 전 삼성부회장 '아침 저녁으로 계획 바꾸는 조삼모사 경영 필요'", 〈매일경제〉, 2022. 10. 31.). 글로벌 수요 위축과 미중 갈등 등 거시적 위협 요인 앞에 놓인 현실에는 모두 더 민첩하게 상황에 대응해야 한다고 조언한 것이다.

'조삼모사(朝三暮四)'라는 사자성어는 '아침에 세 개, 저녁에 네 개'라는 뜻으로 눈앞의 차이만 알고 결과가 같은 것을 모르는 어리석음을 의미한다. 하지만 현재처럼 변화가 너무 빨라 예측하기조차 어렵다면 아침에 계획을 세우고 저녁에 계획을 다시 바꿔 상황에 민첩하게 대응해야 한다. 윤 부회장은 또한 "국제 정세뿐 아니라 세계 경제도 예측하기 어려운 상황으로 가고 있고, 앞으로도 더 예측하기 어려워질 것"이라면서 "변화의 속도를 따라가고 경영 계획을 세우려면 더 빠른 판단이 필요하다"라고도 말했다.

그렇다면 빠르게 판단하고 경영 계획을 변화에 맞춰 수립하려면 어떻게 해야 하는가? 세계 경제가 시시각각으로 예측할 수 없이 빠르게 변화하고 있고, 국내외로부터 막대한 양의 데이터가 끊이지 않고 쏟아지는 상황에서 이 변화를 예측할 유효한 정보를 취득하고 이 정보를 분석해 사업 전략을 수립하고 실행하는 것은 말처럼 쉽지 않다.

사내 데이터의 경우에는 구매, 생산, 재고, 설비, 연구개발, 재무, 인사, 영업, 생산성 관련 데이터 등 사전에 취득할 데이터를 정의해 취득하고 분석하는 툴을 만들어 이 툴을 근거로 개선 작업을 실시하면 된다. 하지만 외부에서 들어오는 국내외 막대한 양의 데이터를 분석하려면 사전에 취득해 분석할 데이터를 정의하고 분석 방안을 미리 강구해야 한다.

나의 경우는 다음과 같은 데이터를 취득하고 분석해서 사업 계획을 수립하는 데 즉각 반영했다.

- 첫 번째, 거시환경 정보는 자사와 사업상 관련이 있는 국가들에 관한 정치, 경제, 사회, 및 기술 등의 자료를 취합해 사업 전략의 방향을 수시로 점검했다.

- 두 번째, 산업환경 정보는 제품의 경쟁력, 수익성, 신기술, 신제품 개발 동향 및 대체재에 대한 정보를 취합해 장기적인 사업 전략에 반영했다.
- 세 번째, 철강, 특수강 등 원자재의 시장 동향 및 이에 영향을 미치는 수출국의 정책 및 가격 동향을 파악해 재고관리에 활용했다.
- 네 번째, 경쟁사 및 고객사의 동향을 파악해 영업 및 신제품 개발 전략에 활용했다.

그럼 구체적으로 어떤 데이터를 확보하고 어떤 방법으로 분석해서 사업 전략에 반영하고 어떻게 시행해 사업 성과를 달성했는지 사례를 통해 소개하려고 한다.

'미국의 중국 제품에 대한 관세 부과'를 활용하다

2019년도 초반에 미국 트럼프 행정부는 중국 건설 중장비 부품을 포함한 2,500억 달러의 수입 품목에 대해 25% 관세를 부과하기로 결정했고 이 조치는 곧 기사화되었다.

첫 번째, 나는 이 뉴스를 보고 이 조치가 무엇을 의미하며, 왜 이런 일이 일어났는지, 이번 관세율 인상이 일회성인지 아니면 지속될 것인지를 검토했다. 중국에 대한 엄청난 무역적자가 지속되고 있고, 중국의 기술 탈취로 인해 기술력 격차가 빠르게 줄

어드는 상황에서 미국이 관세율 인상과 중국 제품의 수입 제한 조치를 더 강화할 것으로 판단했다.

두 번째, 그럼 다음에는 무슨 일이 일어날까? 나는 중국에 대한 미국 정부의 경제 정책이 일회성 정책이 아니라 지속적으로 더 강화될 것으로 판단했다. 나의 예상과 같이 트럼프 행정부는 중국에 대한 경제제재를 더욱 강화하는 정책들을 순차적으로 더 확대하는 조치를 발표했다.

세 번째, 이러한 분석을 토대로 해 자사는 어떤 사업 전략을 수립하고 실행해야 할까? 건설중장비 부품의 경우 원자재인 금속물의 가격 및 부품을 제조하는 제조원가가 구매에 가장 큰 영향을 준다.

미국산 철 및 비철금속의 가격과 미국 내 부품 제조원가는 한국보다 매우 높은 상황이고 실제 부품 제조업체의 수도 줄고 있는 상황이다. 만약 중국에 대한 25% 관세율이 계속 유지된다면, 중국 제품과 경쟁 관계에 있는 한국에서 제조하는 자사의 제품은 원가 경쟁력에서 매우 높은 비교 우위를 점할 수 있게 될 것이라 생각했다. 또한 미국과 중국의 경제 분쟁이 앞으로 지속되는 한 미국 건설중장비업체가 가능한 한 중국에서 부품을 구입하지 않을 것으로 판단했다.

이 같은 유효한 정보에 따라 나는 즉시 미국 건설중장비업체에 대한 영업을 강화했고, 기존 구매 부품 중 구매처를 변경하고자 하는 부품이 있는지 미국 업체들을 대상으로 정보를 얻어서 그 정보를 바탕으로 직접 방문 영업을 강화했다. 그 결과 경쟁에서 중국 부품업체를 이기고 사업 전략을 수립해 영업을 개시한 지 1년이 지난 2020년에 미국의 글로벌 건설중장비업체 두 곳으로부터 다수의 엔드 비트(End Bits)와 보스(Boss) 제품을 수주하고 납품에 성공했다.

'일본 지진 및 기상이변으로 인한 재난 발생'에 대응하다

2010년대 후반 일본에는 지진 및 태풍으로 자연재해가 연속적으로 발생했다. 많은 공장과 도로가 파괴되어 제품 생산에 막대한 차질이 빚어졌다.

첫 번째, 나는 이 뉴스를 보고 이런 재난이 무엇을 의미하며, 왜 이런 일이 발생하는지, 재난이 일회성인지 아니면 지속될 것인지를 검토했다. 2010년대 후반에 들어와서 일본의 자연재해 기사를 검색해 보니 그 정도가 더욱 커지고 횟수도 증가하고 있었다.

이러한 상황을 고려할 때 일본의 자연재해는 일회성이 아니라 지속적으로 발생하고 있어서 생산에 차질을 줄 것으로 판단했다. 실제 건설중장비와 자동차의 부품업체들이 자연재해로 인해 수개월간 생산이 중단되는 사태가 발생했고, 그 결과 완성 장비의 생산도 지연되었다.

두 번째, 그럼 다음에는 무슨 일이 일어날까? 나는 건설중장비업체의 입장에서 이러한 재해에 대비해 주요 부품의 경우 복수의 납품처를 확보할 가능성이 높을 것으로 판단했다. 그리고 일본에서는 단조 부품의 경우 생산 현장에 인력이 부족하고 신규 설비 투자를 하지 않고 있기 때문에 자사에 기회가 있을 것으로 판단했다.

세 번째, 이러한 분석을 토대로 자사는 어떤 사업 전략을 수립하고 실행해야 할까? 나는 자연재해로 피해를 본 건설중장비업체들이 주요 부품을 대상으로 복수의 납품처를 확보할 가능성이 높다고 판단했고, 동 업체들에 대한 방문 영업을 강화했다. 그 결과 신규 업체를 대상으로 추가적인 납품업체의 확보를 추진하고 있다는 사실을 확인했고, 창사 이래 처음으로 일본 건설중장비업체 두 곳으로부터 스프로켓(Sprocket)과 아이들러(Idler)를 직접 수주하고 납품하는 데 성공했다.

정보를 분석해 시장의 변화를 먼저 포착하고 즉시 반영한다

바람이 불지 않으면 배는 바람을 이용한 항해 기술을 이용할 수 없다. 시장의 변화를 경쟁사보다 먼저 포착하라. 산업의 안정기에는 후발주자에게 기회가 적다. 즉, 앞서고 있는 선발업체를 뛰어넘거나, 경쟁구도에 변화를 꾀하기 어렵다.

하지만 시장에 변화가 있을 경우에는 과거의 질서가 흔들리고 새로운 요인으로 인해 질서를 깨트릴 수 있다. 경쟁사에 앞서 시장 변화에 대한 유효 정보를 획득하고 이 정보를 정확히 분석해 사업 전략에 반영해서 즉시 실행하라. 변화가 있는 곳에 기회가 있다.

재무제표 수치 이면의 원인을 파악하자

정확한 진단이 곧 일의 시작점이다

회사에 대한 정확한 진단은 사업 전략을 세우는 시발점이다. 경영 전략의 거장인 리처드 루멜트(Richard P. Rumelt)는 《전략의 거장으로부터 배우는 좋은 전략 나쁜 전략》(김태훈 역, 센시오, 2019)에서 IBM의 CEO인 루 거스너(Louis V. Gerstner)가 펼친 전략을 상세히 소개하고 있다.

1993년에 거스너가 IBM의 CEO에 올랐을 때 IBM은 심각한 침체 상태에 빠져 있었다. IBM은 기업과 정부기관에 통합 솔루션을 제공하는 전략을 기반으로 성공을 거뒀지만, 마이크로프로세서 기술의 발전 때문에 상황이 바뀌었다. 컴퓨터 산업은 칩, 메모리, 하드 디스크, 키보드, 소프트웨어, 모니터, 운영 체제 등의 분야로 분화되었다. 데스크톱 컴퓨터가 보편화되고 윈도우-

인텔 시스템이 표준으로 자리 잡는 상황에서 IBM은 어떻게 대응해야 했을까? 당시 회사 내부와 월가 애널리스트들의 지배적인 시각은 산업 지형의 변화에 맞춰 사업 부문을 분화시켜야 한다는 것이었다. 그러나 거스너는 상황을 분석한 후에 다른 진단을 내렸다. IBM이 모든 분야에 전문성을 갖췄다는 점은 오히려 경쟁력이 될 수 있다고 진단했다. 거스너는 하드웨어 플랫폼이 아니라 고객 솔루션에 초점을 맞춰 통합을 강화해야 한다고 주장했다. 핵심 장애물은 내부 조율과 유연성의 부족이었다. 새로운 진단에 따른 추진 방침은 IBM의 고유한 역량을 활용해 고객에게 맞춤식 솔루션을 제공하는 것이었다. 초점을 고객 솔루션에 뒀기 때문에 하드웨어와 소프트웨어는 필요에 따라 다른 회사의 제품을 사용할 수도 있었다. 결과적으로 IBM의 핵심적인 부가가치 활동은 시스템 엔지니어링에서 IT 컨설팅으로, 하드웨어에서 소프트웨어로 전환되었다. 이처럼 상반된 진단은 회사를 완전히 다른 방향으로 이끈다.

루멜트가 주장한 바와 같이 경영자는 기업을 정확하게 진단해서 회사의 강점과 문제점을 파악해야 한다. 회사의 강점을 레버리지로 활용해 회사의 문제점을 해결하기 위한 사업 전략을 수립하고 시행해서 기업의 성공과 성장을 이룩해야 한다. 하지만 재무제표의 수치만 보고 진단하고 판단해서는 회사의 상황을 올바르게 파악할 수 없다. 재무제표 수치 이면의 원인을 분석해 회사의 강점과 문제점을 파악해야만 올바른 전략을 수립해 실행할 수 있다.

정확한 재무 분석은 미래를 들여다보는 창이다

경영자는 일상적으로 고객, 시장, 경쟁사, 제품, 기술, 그 밖에 알고 있는 정보를 종합해 의사 결정에 활용한다. 여기에 재무 분석을 통합하게 되면 더 완벽한 결정을 할 수 있다. 즉, 훌륭한 재무 분석은 경영자에게 미래를 들여다보는 창을 제공해 준다. 그럼 훌륭한 재무 분석을 하려면 어떻게 해야 할까? 재무제표 수치 이면의 원인을 파악해서 회사 내부와 외부의 정확한 상황을 확실하게 이해해야 기록된 숫자의 진정한 의미를 알 수 있다.

재무제표 이면의 원인을 어떻게 분석하고 어떻게 분석된 정보를 종합해 경영자의 의사 결정에 도움을 주는지 살펴보자. 재무제표 분석은 손익계산서, 재무상태표로 구분해 설명하려고 한다. (현금흐름표 분석은 '2장 현금흐름을 분석하고 현금 경영에 집중하자'에서 더 구체적으로 다룬다.)

이익과 손실의 바로미터, 손익계산서 바로보기

손익계산서는 일정 기간 내에 발생한 수익과 비용을 대비해 작성한 것으로 재무제표에서 가장 중요한 부분을 차지한다. 손익계산서를 보면 수익과 비용에 대한 원인과 과정을 파악할 수 있으므로, 손익계산서에서는 기업이 제공하는 제품이나 서비스가 얼마만큼의 수익성이 있는지 명확하게 보여줘야 한다. 손익계산서는 또한 특정 기간 동안 회사가 창출하는 매출액과 그 매출액을 창출하는 과정에 투입된 원가와 비용, 매출총이익과 영업이익을 보여준다. 각각의 분석 방법은 다음과 같다.

매출액 분석 방법

• 매출액을 세분해 종류별로 분류한다. 이때 산업별, 국가별, 고객별, 제품별로 분류한다.

• 종류별로 분류한 매출액의 5~10년 동안의 데이터를 분석해 패턴을 확인한다. 제품의 매출액이 지속적으로 증가했거나 감소했는지, 일시적인 시장 요인으로 변동했는지, 그 원인을 분석하고 패턴을 파악해야 한다.

• 매출 비중이 큰 제품, 5~10년 동안 매출액 변동이 큰 제품, 자사가 중요시하는 신제품 등을 기준으로 사안의 우선순위를 정해 분석한다. 자사 제품이 타사 제품 대비 차별화 요인이나 경쟁력을 유지하고 있는지, 매출액이 증가했는지 감소했는지 파악해야 한다.

• 매출액의 변동 데이터는 5~10년 동안 매출액 데이터, 산업 평균 데이터, 경쟁사 데이터와 비교하라. 제품 시장이 축소되고 있는지, 시장이 포화상태에 진입한 것인지, 수출로 새

로운 매출을 발생시킬 수 있는지, 경쟁 제품의 출현으로 시장점유율이 감소한 것인지 등 경쟁사 및 산업 데이터와 비교해서 현재 자사의 정확한 경쟁력을 파악해야 한다.

매출원가와 비용 분석 방법

- 매출원가는 항목별로 매출액 대비 비율을 계산해 매출액 대비 비용의 규모를 파악해야 한다. 또한 지난해와 과거 5년간의 매출액 비율이 어떻게 변화했는지 비교해 비용 규모가 개선되고 있는지 아니면 높아져서 비용이 증가하고 있는지를 파악하고, 상세 원인을 정확하게 파악해 개선책을 강구해야 한다.
- 자사의 항목별 매출액 대비 비율을 경쟁사와 비교해서 매출액 대비 비용의 규모가 더 큰 경우에는 경쟁사를 벤치마킹을 해서 그 원인을 파악하고 개선해야 한다.
- 특히 매출액 대비 비율이 높은 매출원가와 비용에 대해서는 그 원인을 파악하고 장기적인 개선 대책을 수립해야 한다. 노무비와 인건비의 비중이 경쟁사보다 높다면, 그 원인으로 자동화 설비 투자가 적은 것인지, 작업 인원이 많은지, 아니면 근로자의 평균 연령이 높은지에 따라 각기 다른 대책을 세워야 한다. 재료비 비중이 경쟁사보다 높다면 원자재 구매원가를 확인하고, 경쟁사의 최종 제품을 분해해 원자재 투입량을 분석해야 한다. 이와 같이 비교 가능한 모든

원가와 비용 항목을 비교 분석해서 효율화해야 한다.

- 매출액 대비 비용의 규모가 크다고 다 문제가 있는 것은 아니다. 미래 수익을 창출하는 영업비, 마케팅비, 연구개발비의 비중은 회사가 감당할 수 있는 범위 이내에서 높은 것이 좋다. 하지만 비중이 급격하게 상승했다면 비용이 효과적으로 지출되고 있는지 분석해야 한다.
- 비용은 그 성격상 고정비와 변동비 중 어느 것에 해당하는지 파악하고, 자사의 매출 규모를 고려할 때 적정한 고정비 비중을 유지해야 한다.

매출총이익, 영업이익 분석 방법

- 매출총이익 또는 영업이익이란 기업이 얼마나 잘 운영되고 있는가를 나타내는 좋은 척도이다. 이익이 증가하고 있는지, 경쟁사·산업평균 수익률과 비교해 상대적으로 기업이 잘 운영되는지 판단할 수 있다. 또한 그 이면의 원인을 분석해서 자사의 강점 및 약점, 차별화된 기술 보유 여부를 정확하게 파악할 수 있다. 이렇듯 매출총이익 및 영업이익을 분석하는 것이 회사의 사업 방향 및 사업 전략 수립의 시발점이다.
- 제품별 이익률을 분석해 이익률의 규모를 파악하라. 이익률이 높은 경우는 어떤 요인으로 이익률이 높은지 자사의 경쟁 우위 요소는 무엇인지 파악하고, 경쟁 우위 요소를 지

렛대로 해서 이익률을 더욱 높일 전략을 수립해야 한다. 반면에 이익률이 낮은 품목은 그 원인을 파악해 일시적인 요인으로 이익률이 낮은지 경쟁 제품 대비 상대적 경쟁력이 낮은지를 파악하고, 개선해서 이익률을 높일 수 없다면 제품 철수를 통해 이익률이 높은 제품이나 신제품에 집중하는 것을 고려해야 한다. 물론 변동비를 제외한 마진의 총액인 공헌 마진을 고려해 이 제품의 판매로 공헌 마진이 고정비를 해결하고 있다면 제품 철수는 더 신중하게 판단해야 한다.

• 이익은 판매단가와 판매 수량을 곱하고 여기서 비용을 제하는 것이다. 수치 이면의 원인을 분석해서 판매단가를 높일 수 있는지, 판매 수량을 늘릴 수 있는지, 매출원가와 제 비용을 줄일 수 있는지를 세밀하게 분석하고 적절한 방안을 수립해 실행해야 한다.

재무상태표 바로보기

재무상태표는 어떤 특정 시점에 회사가 주주자본과 부채로 무엇을 소유하고 있는지를 보여주는 표이다. 재무상태표는 비율 분석으로 검토하는 것이 단순하면서도 유효하다.

재무상태표를 정확히 파악하려면 안전성 비율, 유동성, 효율성 비율을 따져야 한다. 그리고 회사의 미래를 위해 기계·설비를 포함한 투자가 적절하게 이루어지고 있는지 살펴봐야 한다.

안전성 비율

사업을 하면서 부채를 이용하면 자기자본보다 더 많은 자산을 만들어 더 많은 이익을 벌 수 있다. 또한 과세소득에서 이자를 차감할 수 있어서 대부분의 기업은 부채를 조달해서 재무 레버리지(Leverage)를 활용한다. 하지만 부채 비율(부채총계 / 자본총계)이 경쟁사 및 산업평균 비율보다 높고 이자보상 비율(영업이익 / 연간이자비용)이 1에 근접할 경우에는 매출액 감소 등으로 이익이 감소할 경우 부도 위기에 직면할 수 있다. 영업이익으로 이자를 지급할 수 있는지, 차입을 단기차입금에 의존해서 부채 상환에 문제가 없는지를 고려해 장단기 차입금 비율을 조정하고 적정 금액의 부채를 조달해야 한다. 또한 적정 재무 레버리지를 활용하는지를 부채 비율뿐만 아니라 종합적인 사업 분석을 통해 판단해야 한다.

유동성 비율

유동성 비율은 기업이 당기에 도래하는 부채뿐만 아니라 지급할 대금과 비용 등을 지급할 능력이 있는지를 나타낸다. 당좌비율[(유동자산 − 재고자산) / 유동부채]은 1보다 높아야 하지만, 너무 높을 경우 현금성 자산을 활용하지 않고 보유하고 있으므로 수익성에 악영향을 줄 수 있다. 경쟁사 및 산업평균 비율을 고려해 적정 비율을 유지해야 한다.

효율성 비율

효율성 비율은 자산이나 부채를 얼마나 효과적으로 운영하는 지를 분석하는 데 유효하다. 재고자산은 현금을 지출한 대가로 창출된다. 재고자산이 많다는 의미는 현금을 많이 지출한다는 것이다. 즉, 재고자산을 줄이면 현금을 그만큼 덜 지출한다는 의미이므로 일본의 토요타 같은 기업은 '저스트인타임(Just In Time, 적기공급생산 또는 적시생산) 방식'으로 재고자산을 최대한 적게 유지하고 있다. 생산리드타임이 짧고 제품의 불량률이 낮고 생산성이 높을수록 재고자산을 적게 유지할 수 있으므로, 재고자산 회전율(360 / 재고자산 회전기간)을 높일 수 있도록 노력해야 한다. 하지만 원자재를 주문해 납품 받기까지 오랜 시간이 소요되거나, 원자재의 가격변동이 심할 경우에는 유리한 조건으로 구매해 충분한 재고자산을 보유해야 할 경우도 있다. 따라서 경쟁사 및 산업평균 비율과 비교해 적정 여부를 판단해야 한다. 외상매출금은 모두 회수해 현금화가 가능한지 대손충당금은 적정한지 파악해야 하며, 매출채권 회전기간을 단축할 수 있는지 매입채무는 지급 기간을 늘릴 수 있는지 검토해 시행해야 한다.

기계와 장비

기계와 장비의 가격, 구입 연도를 참고해 실사 조사를 해서 기게 및 장비의 생산성을 경쟁사와 비교해 경쟁력을 분석해야 한다. 자동화를 통한 생산성 향상 여부가 원가 경쟁력의 척도가 되는 상황에서 더욱 철저히 분석해서 신규 투자와 기존 장비의 개선 여부를 결정하는 데 활용해야 한다.

정확한 진단으로 좋은 전략이 수립된다

이상과 같이 재무제표 수치를 분석하고 수치 이면의 원인을 분석하는 작업을 동시에 실시하여 회사를 정확하게 진단해야 한다. 모든 기업은 자사의 상황을 고려해 좋은 사업 전략을 수립하고 실행해 사업을 성공시키려고 노력한다. 하지만 좋은 사업 전략은 회사를 정확히 진단해서 회사의 강점을 파악하고 그 강점을 레버리지로 활용해 사업 전략을 실행할 때만 성공할 수 있다. 재무제표상의 수치 이면의 근본적인 원인을 분석하고, 회사의 강점 및 약점, 회사의 차별적 기술 보유 및 신제품 개발 능력, 원가 경쟁력, 브랜드 파워, 현금 보유 규모, 경험과 고객 정보 보유, 설비 경쟁력 등을 정확히 파악해서 강점을 활용한 성공 전략을 세워서 사업을 성공으로 이끌어야 한다.

정보를 얻기 위해 해외 영업 비용을
최대한 증액하라

최소한의 대가로 전쟁을 이기는 방법

《손자병법》은 전편에 걸쳐 어떻게 해야 최소한의 대가를 지불해 전쟁에서 승리를 획득하고, 개선 장병을 이끌고 귀국할 것인지를 적고 있다. 한마디로, 전쟁을 하루빨리 종식하고 다시 생산에 종사할 수 있는가의 문제를 연구한 '병서'라고 할 수 있다. 전쟁을 벌여야만 적을 이길 수 있는 상황 아래, 전쟁 밑천과 비용을 줄이기 위해 손자는 반드시 "적을 알고 나를 알아야만 백번 싸워도 위태롭지 않다"라는 '지피지기, 백전불태(知彼知己, 百戰不殆)'의 개념을 제시했다(마쥔, 《손자병법 교양강의》, 임홍빈 역, 돌베게, 2009).

손자의 핵심 주장은 간단명료하다. 전쟁을 하지 않고 이길 수 있다면 최선이지만 그럴 수 없다면 적을 알고 나를 정확하게 파악해서 최소의 비용으로 전쟁에서 이기라는 것이다. 여기서 적과 나에 대한 정보를 취득하는 것이 얼마나 중요한지 알 수 있다. 비즈니스도 마찬가지이다. 새로운 고객을 발굴하고 신제품을 수주해 매출을 일으키는 경쟁사 간의 경쟁은 국가 간의 전쟁과 같다. 하지만 많은 경영자가 정보의 취득에 소홀한 것이 사실이다.

부실기업에 가서 영업 현황을 파악하면 항상 문제가 되는 것 중의 하나가 마케팅 및 영업비의 사용에 인색하다는 것이다. 그 적은 비용도 기존 고객 대응에 대부분을 사용하고 있다. 새로운 고객을 발굴하고 신제품을 수주하기 위한 비용 지출에 인색하고, 특히 해외 영업비 지출에는 더 인색한 경우가 다반사이다.

고객사와 경쟁사에 대한 정보가 없다면 길을 비춰주는 등이나 달빛 없이 험한 산을 등반하는 것과 다르지 않다. 해외 영업 대상을 선정하고 영업을 추진, 수주, 개발, 생산, 판매가 이루어지기까지 최소 수년 이상의 시간이 소요되므로 수익을 인식하기 전까지 비용만 발생하고 비용을 투자해도 수익이 발생할지 확신하지 못하기 때문에 비용을 배정하지 않는 것이다. 그러다 보면 해외 신규 고객의 발굴은 먼 나라 이야기가 된다. 그렇다면 어떻게 어떤 정보를 취득해 신규 제품을 수주하고 수익을 발생시킬 수 있을까?

수주를 위한 5가지 프로세스

신규 제품을 수주하고 수익을 발생시키려면 가장 먼저 수주를 위한 필요 정보가 무엇인지 파악해야 한다. 이때 필요한 프로세스는 다음과 같다.

첫 번째, 영업 타깃을 명확히 해야 한다. 자사의 강점은 무엇이고 이 강점을 이용해 다른 경쟁사보다 경쟁 우위에 있는 제품이 무엇인지 파악하고 동 제품을 구매하는 업체들을 분석해 영업 대상을 선정해야 한다.

두 번째, 영업 대상업체를 선정했다면, 예상 고객이 개발하고 있는 신제품은 무엇인지, 자사가 개발하고 생산하는 품목과 관련이 있는지를 파악해야 한다. 또는 기존에 구매하는 부품 및 제품의 구매처를 변경할 계획이 있는지도 파악해서 자사의 제품으로 대체할 수 있는지 파악해야 한다.

세 번째, 대상 제품이 선정되었다면, 개발 책임자와 담당자는 누구인지, 개발은 언제 시작하는지, 구매 책임자는 누구인지 등을 파악해 관련자와 접촉해서 구체적인 정보를 파악해야 한다. 이때 대상 회사 내부에서 자사를 도와줄 수 있는 직원을 먼저 섭외해 우군을 확보해야 한다.

네 번째, 이제 구체적인 정보를 파악해야 한다. 개발하고 있는 제품이 기존 제품과 비교해 더 높은 가격의 프리미엄 제품을 기획하고 있는지, 저렴한 제품으로 시장 점유율을 높이는 제품을 개발하고 있는지, 기존 제품의 문제점을 개선하는 데 주안점을 두고 있는지, 해결하지 못하는 미충족 니즈(Unmet Needs)는 무엇인지, 구매를 고려하고 있는 공급자, 즉 우리의 경쟁사는 누구인지, 경쟁사의 장점은 무엇인지 등 구체적인 정보를 파악해야 한다.

다섯 번째, 구체적인 정보를 파악했다면 이 정보를 기반으로 자사가 경쟁사 대비 차별화해 제안할 수 있는 제안서를 작성해야 한다. 제안서에는 제품 스펙과 가격은 물론이고 품질관리, 생산 계획, 생산리드타임, 운송 계획 등을 포함한다. 여기에 더해 나는 자사의 생산, 품질관리, AS 시스템 일체를 비롯해 취득된 정보를 기반으로 고객이 요구하는 문제점을 해결하는 자사 제품의 타사 대비 장점을 확실히 부각해 제안한다. 사례별로 다르지만 대부분의 경우 고객이 해결하지 못한 미충족 니즈를 해결하는 제품, 더 저렴한 가격 또는 더 좋은 품질 중 하나 또는 두 가지 이상의 조건을 만족시키는 안을 제안한다.

그럼 이기는 제안을 하고 제품을 수주할 수 있는 정보를 취득하는 방법은 무엇인지 살펴보자.

정보를 어떻게 취득할 수 있을까?

정보를 취득하는 방법에는 다양한 방법이 있다.

첫 번째, 대면 접촉으로 정보를 얻을 수 있다. 예를 들어 고객사 담당자와의 미팅, 식사를 통한 정보의 취득, 공장 및 연구소 방문을 통한 제품 정보의 취득, 동종업계 직원과의 만남을 통한 정보의 취득, 동종 업계 컨설턴트 또는 기존 제품의 판매처를 통한 필요 정보의 취득 등 다양한 사람을 통해 정보를 얻을 수 있다.

두 번째, 인터넷 검색으로 정보를 얻을 수 있다. 예를 들어 고객사와 경쟁사의 웹사이트 방문, SNS 검색을 통한 정보의 취득, 네이버와 유튜브 검색을 통한 관련 정보의 취득 등 다양한 방법으로 제품, 가격, 회사 정보를 얻을 수 있다. 인터넷으로 정보를 얻을 때는 비용이 적게 들지만 고객과의 대면 접촉을 통한 정보만큼 유효하고 정확하게 필요한 정보를 얻기 어렵다. 따라서 고객사를 주기적으로 방문하고 그 직원들과 교류해서 필요한 정보를 얻어야 한다. 정보 취득을 위한 영업 비용의 지출은 회사의 다른 투자와 비교할 때 절대적인 금액이 적으면서도 실질적인 매출액을 증가시키는 효과는 매우 크므로 단기적인 관점이 아닌 장기적인 관점에서 정보 취득 활동을 적극적으로 시행해야 한다.

고객과의 접촉 회수를 늘려 정보의 양과 질을 높이자

우리가 파악하는 정보의 양과 질이 좋아질수록 수주 가능성은 높아지고 궁극적으로는 수주를 확신할 수 있는 수준에 도달할 수 있다. 새로운 고객사의 담당자와 처음으로 만났다면 수주의 반은 해결이 되었다고 생각한다. 이때부터 제품을 홍보하기 전에 자신과 자사에 대한 신뢰를 얻고 점차 정보의 양

과 질을 늘려간다면 수주는 저절로 이루어질 것이다. 해외 영업
비를 회사가 감당할 수 있는 범위 이내에서 최대한 설정하고 장
기적으로 투자해 정보를 취득하고 정보의 양과 질을 늘려가는
것이 신규 수주로 가는 지름길임을 명심하고 인내심과 확신을
가지고 해외 영업 활동을 해야 한다.

회사의 강점을 지렛대로 활용하라

강점을 지렛대로 삼아라

회사가 장기간 사업을 영위하고 있다면 사업을 존속시키는 강점이 분명히 있다. 그러나 많은 기업들은 회사의 강점을 더 강하게 하기보다는 영위하는 모든 사업을 잘하려고 하는 경향이 있다. 그러다 보니 전 직원이 항상 열심히 일을 하고 있지만 자사가 강점을 갖고 있는 중요한 사업에 집중하지 못하고, 동시에 여러 사업을 잘하려고 하니 성과가 제대로 나오지 않고 늘 현상 유지에 만족하는 경우가 많다. 또한 현금 유동성이 부족한 기업의 경우는 한정된 현금으로 주요 사업에 집중해 투자하지 않고 여러 사업을 추진하다 보니 더욱더 좋은 성과를 거두기가 어렵다.

사업을 성공시키기 위해서는 자사의 강점을 파악하고 이 강점을 지렛대로 활용해 사업을 활성화할 수 있는 분야에 집중해야 한다. 강점을 더 강하게 만들고 지렛대로 활용해 사업의 성과를 극대화할 수 있는 명확한 전략을 수립하고 세밀한 계획을 세워 흔들리지 않고 장기적 관점에서 일관되게 추진해야 한다. 그럼 회사가 가질 수 있는 강점은 어떤 것들이 있을까?

회사의 강점은 다음의 8가지 요소로 정리할 수 있다.

- 첫 번째, 차별화된 기술과 신제품 개발 능력이 있다.
- 두 번째, 특정 고객에게 필요한 다양한 제품들을 보유하고 있다.
- 세 번째, 제조원가 경쟁력이 있다.
- 네 번째, 타사가 갖고 있지 않는 생산설비를 갖고 있다.
- 다섯 번째, 고객 접점을 장악하고 많은 고객 정보를 갖고 있다.
- 여섯 번째, 브랜드 파워가 있고 브랜드 인지도가 높다.
- 일곱 번째, 풍부한 현금을 보유하고 있다.
- 여덟 번째, 성실하고 경험 많은 직원들을 보유하고 있다.

그렇다면 회사의 강점을 어떻게 파악할 수 있는가?

우선적으로 기업 내부의 데이터를 취합해 분석해야 한다. 기업 내부의 데이터로는 재무제표, 특히 손익계산서를 통해 경쟁 우위에 있는 제품, 마진율이 높은 제품, 시장점유율이 높은 제품, 매출액이 상승하는 제품 등을 파악하고 이 제품들의 강점을 분석해야 한다. 또한 자사의 제조원가와 경쟁사의 제조원가를 분석해서 원가 경쟁력을 파악하고, 재무상태표와 현금흐름표를 통해 현금 및 현금성 자산의 규모, 현금창출 능력, 재무건전성 등을 분석함으로써 회사의 강점을 파악할 수 있다.

두 번째로는 회사의 현장을 장악하고 있는 직원들에게서 정확한 정보를 취득할 수 있다. 각 부서 직원들을 대면 조사 및 서면 조사를 해서 자사의 강점과 약점에 대한 정보를 얻어 이 정보를 분석해서 정확한 강점을 파악할 수 있다.

회사의 강점을 파악했다면 이 강점을 극대화하고 더욱 큰 사업의 성공을 달성할 수 있는 사업 전략을 수립하고 일관되게 사업을 추진해야 한다. 나 또한 어려운 상황에 놓인 기업에서 회사의 강점을 파악하고 이 강점을 지렛대로 삼아 사업을 성공시킨 경우가 여러 번 있었다. 다음은 회사가 가진 각기 다른 강점들을 지렛대로 해서 성공한 사례들이다.

강점을 활용해 사업을 성공시킨 사례들

첫 번째, 차별화된 기술과 신제품 개발 능력을 강점으로 보유한 체성분분석기 회사의 사례를 분석해 보자. 자사는 세계 최초로 부위별 직접 임피던스 측정과 다주파수 측정을 함께 구현해 기존 생체전기저항분석(BIA, Bioelectrical Impedance Analysis)으로는 불가능했던 측정의 정확도(正確度)와 재현도(再現

度)를 가능하게 했다. 즉, 타사가 따라 할 수 없는 기술을 장점으로 갖고 있었다. 하지만 마케팅 및 영업력의 부족으로 경쟁사와의 경쟁에서 밀려 어려움을 겪고 있었다. 나는 자사의 기술적 차별점을 지렛대로 활용해 자사의 체성분분석기에 진단을 통한 식이 및 운동처방 솔루션을 콘텐츠와 함께 제공하고, 체성분분석기를 중심축으로 타사 진단장비 및 운동 장비를 네트워크로 연계해 자사의 솔루션에 묶어 서비스를 제공하는 플랫폼 비즈니스 전략을 수립해 실행했다. 자사의 장비를 중심축으로 운용되는 진단, 처방, 관리 시스템은 경쟁사 장비의 진입을 차단해 경쟁제품을 무력화시키는 데 성공했다. 그 결과 자사의 장기적인 매출액과 이익이 증가했다.

두 번째, 특정 고객에게 필요한 다양한 제품들을 보유한 의료기기 회사의 사례를 분석해 보자. 자사는 병원의 수술실과 중앙공급실에서 필요한 다양한 주요 장비들을 공급하고 있었다. 구매자이면서 사용자인 정형외과 의사와 간호원은 소독기에서 수술 도구들을 소독하고 수술대 위에 환자를 눕히고 무영등을 켜고 환자를 수술한다. 자사는 소독기, 수술대, 무영등 등 다양한 수술실 장비를 공급하고 있어서 동일 고객과 빈번하게 접촉하면서 고객 접점을 확보하고 있다고 판단했고, 이 점을 지렛대로 해서 고객이 수술실 펜던트, 수술기구, 진단용 의자 등 더 다양한 제품을 도입하도록 추진했다. 그 결과 수술실에 대한 장악력은 더욱 확대되었고, 신제품을 지속적으로 개발하면서 시장이 확장

되었다. 자사의 단점인 기술력과 원가 경쟁력은 지속적인 연구 개발을 통한 제품 개선, 신제품 개발 및 생산 시스템 혁신으로 보완했고 그 결과 경쟁력이 지속적으로 향상되었고 고객 만족도도 증가했다.

세 번째, 제조원가 경쟁력을 강점으로 보유한 와이퍼 회사의 사례를 분석해 보자. 자사는 오랜 역사를 갖고 있었지만 1998년 IMF사태를 맞아 법정관리를 받았던 기업으로서 회사에 신제품 개발 능력, 자금, 고객, 브랜드 파워가 없는 상태였다. 하지만 한국 공장에서 부품을 생산하고 중국 웨이하이(威海) 공장에서 완성품을 조립하고 있고, 소품종 대량생산 시스템을 보유하고 있어서 타사 대비 저렴한 제조원가 경쟁력이 있었다.

나는 제조원가 경쟁력을 지렛대로 활용해 미국의 페더럴 모굴(Federal Mogul), 셸(Shell), 캐나다의 캐나디안타이어(Canadian Tire)에 OEM 형태로 제품을 공급했다. 자사는 높은 품질 대비 상대적으로 저렴한 가격 경쟁력이 있었고, 당사의 단점인 자금, 고객, 브랜드 파워를 고객사를 통해 극복한 것이다. 양사의 장점을 결합한 결과 매출액 및 시장점유율이 지속적으로 증가하는 성공적인 비즈니스 성과를 달성했다.

네 번째, 타사가 갖고 있지 않은 설비를 보유한 대형 형단조 회사의 사례를 분석해 보자. 자사는 국내 최고의 대형 형단조 설비를 보유하고 있고 장기간 개발과 생산 경험을 보유한 인력이 있어서 타사와 차별화된 강점이 있었다. 하지만 낮은 생산성, 시장의 규모가 지속적으로 축소되는 제품군 보유, 소수 내수기업에 의존하는 저부가가치 형단조 사업을 하고 있었으며 과거 10년간 적자로 어려움을 겪고 있었다.

나는 자사가 갖고 있는 대형 형단조 설비를 지렛대로 활용해 자사가 단조한 반제품을 협력사의 가공, 도장, 조립 능력과 결합해 완성 부품으로 개발하고 이들 제품을 미국과 일본의 건설중장비 회사에 공급했다. 즉, 대형 형단조품을 개발하고 생산할 수 있는 경쟁력을 기반으로 해서 완성 부품을 수주해 생산하는 부품 회사로 전환했다.

이 전환 작업으로 부가가치를 높여 수익율을 제고했고 대량 생산이 가능한 제품을 개발해 생산성도 높일 수 있었다. 이를 계기로 자사는 단조 회사에서 완성 부품 회사로 변모했고, 시장이 축소되고 있는 상용차와 선박 엔진 시장에서 건설중장비 시장으로 진출했고, 내수 시장에서 해외 시장으로 사업 기반을 전환했다. 그 결과 수익성을 제고했으며 성장 산업으로 변모했고 수출 시장으로 시장을 확대하는 성장 기반을 구축했다.

이상에서 살펴본 사례들과 같이 회사의 차별화된 강점을 파악하고 이 점을 지렛대로 활용해 회사의 장기적인 성장을 달성할 수 있었다.

강점 극대화 전략을 수립하고 일관되게 추진하라

인력과 자원이 제한된 회사에서 모든 것들을 동시에 잘하겠다고 하는 전략은 모든 것들을 하지 않겠다는 말과 동일하다. 회사의 숨은 강점을 파악하고 더욱 발전시켜 강점을 지렛대로 활용해 사업을 성공으로 이끌 전략을 세밀하게 수립하고 장기적 관점에서 일관되게 추진하라. 차별화된 강점을 발견할 수 없다면, 자사의 강점을 스스로 개발해야 한다. 회사의 상황과 산업에 맞는 실현 가능한 강점을 발굴하고 개발해야 사업을 발전시키고 경쟁사와의 경쟁에서 이길 수 있다.

제조 공정 및 원가를 철저히 분석해
납품 단가를 인상한다

지속적인 적자의 원인을 파악하라

국내 상용차 납품업체는 수년에 한 번씩 생산 공정별 공수와 인건비를 계산해서 변동분에 대해 원가에 반영하고 있고, 재료비의 변동분에 대해서는 별도로 철강 회사와 자동차 회사가 협의한 조정단가를 반영해 단가를 조정한다. 하지만 납품업체는 한 번 적자를 기록하면 그 이후부터는 이익을 발생시키지 못하고 지속적인 적자의 늪에 빠지는 경우가 많다. 왜 이러한 일들이 발생하는 걸까?

나는 국내 상용차 부품업체의 사장으로 부임한 후에 이런 문제를 분석하기 시작했다. 판매단가가 적정 원가보다 낮은 것인지, 아니면 자사의 생산원가가 경쟁사에 비해 높아서 적자가 발생하는지, 정확한 원인을 분석하고 대책을 강구하기로 했다. 분석 결과 A 자동차(고객사)가 원가 계산에 사용하는 정형화된 계산 방식과 프로세스에 의한 단가 결정 방법이 인건비와 재료비를 단순히 반영하고 다른 변동 요인으로 발생하는 원가 비용을 반영하지 못한 것에 적자의 원인이 있다고 판단했다. 즉, 근본적인 원인은 재무제표의 수치를 잘못된 계산 방식으로 반영하고 그 수치 이면의 원인을 파악해서 원가에 반영하지 못한 데 원인이 있었다.

이런 원인을 해결할 수 있는 방법은 완벽한 단가 분석이다. 다음은 내가 자사의 제조공정 및 원가 데이터를 분석해 납품단가를 인상하는 데 성공한 사례이다.

데이터 분석이 정확하다면 단가 인상은 성공한다

당시 자사의 매출액에서 고객사에 대한 비중이 압도적으로 높았다. 매출액의 약 70%에 달했기 때문에 고객사에 판매하는 제품의 수익성이 회사 전체의 수익성을 좌우하는 상황이었다. 자사는 수년에 한 번씩 원가 분석을 통해 고객사와 단가를 조정했지만, 10년에 걸쳐 지속적인 적자에서 탈피하지 못하고 있었다.

나는 왜 이러한 현상이 발생하는 것인지 그 원인을 정확히 분석했다. 이유는 4가지였다.

첫 번째, 고객사에 납품하는 제품의 수요가 10년간 50% 감소해 제품 단위당 인건비를 포함한 고정비가 두 배로 증가했지만 이 부분에 대한 반영 없이 공정별로 투입되는 인력의 공정 투입 시간, 시간당 인건비, 노무비를 반영해 계산을 하고 있었다. 즉, 수요 감소로 인한 판매량의 감소로 제품당 고정비가 대폭 증가했지만 원가계산에 반영되지 않았으니 당연히 적자가 더 확대되었던 것이다.

두 번째, 고객사가 요구하는 품질의 수준이 매년 엄격해지고 있어서 그 기준에 맞추기 위해서는 신설비와 신장비를 투입해야 하는 상황이었다. 하지만 신규 투자의 여력이 없어서 품질을 맞추기 위해 공정별 공수가 증가했고 품질관리 강화로 인건비를 포함한 제비용이 증가했다. 또한 품질 향상을 위해 복수의 금형, 심지어는 동일 제품에 대해 4~5개의 금형을 자체 제작해 보유하고 한 번 단조 후 사용한 금형을 보수해 사용하지만 새로운 금형의 제작비와 수리비에 대한 지원이 작아 매년 적자를 더 키우는 현상이 발생하고 있었다. 제작비와 수리비에 대한 투자와 비용을 줄일 경우 품질 하자가 발생하므로 이 부분의 투자를 늘리자는 생산부와 비용을 고려해야 하는 자금부는 의견이 서로 엇갈리고 있었다.

세 번째, 금형 보수비의 산정을 프레스 기준으로 반영하게 되어 있는 것이 큰 문제였다. 프레스 단조의 경우 금형을 설치하고 최소 수천 개의 제품을 단조할 수 있지만, 대형 형단조의 경우는 200개 내외의 제품을 단조하고 금형을 보수해야 한다. 하지만 대형 형단조업체가 자사 한 곳밖에 없었고 다른 모든 단조업체가 프레스업체들로 구성되어 있었다. 고객사는 프레스 단조와 유사한 기준으로 금형 보수비를 지원하고 있었다. 이로 인하여 금형 보수비를 실제보다 매우 과소 계상하는 결과를 가져왔고 이 기준을 과거 20년 이상 유지하고 있었다.

네 번째, 매년 특수강의 가격은 철강회사와 고객사의 협상으로 단가가 결정되고 단가 결정일부터 변경된 단가로 제품원가에 반영되지만, 매년 인상되는 인건비와 인건비성 제경비는 반영되지 않아서 시간이 지날수록 실제 원가와 고객사 납품단가와의 괴리가 커지는 문제가 있었다.

고객사에서 사용하는 단가 결정 방식에는 위에서 언급된 부분에 대한 정확한 원가가 반영되어 있지 않고 단순히 재무제표상의 투입 원가인 공정별 투입 인력, 작업 시간, 노무비, 부대비용만을 반영하므로 현실적으로 실제 원가를 반영해 단가를 인상하기에는 매우 어려운 것이 현실이었다.

자사는 실제 발생 원가를 반영시키기 위해 영업부, 생산부, 자금부, 연구소의 전 직원이 합심해 수개월에 걸쳐 비용을 분석하고 과거 5년간 고객사에 납품하는 전체 제품의 공정별 원가에 고정비의 변동, 금형 제작비 및 수리비, 품질 향상을 위한 제비용의 증가분, 매년 인상되는 인건비 및 인건비성 경비를 반영해 새로운 원가를 계산했고 이에 대한 근거 자료를 모두 준비했다.

10년 만에 전 제품의 단가 인상에 성공하다

이후 고객사는 수차례 자사를 방문해 제품별 원가 자료를 분석하고 과거 생산 공정 자료를 검증했다. 그러나 당사가 계산하고 제출한 원가와 검증한 모든 자료는 모두 일치했고, 드디어 1년에 걸친 전 제품에 대한 단가 인상 작업은 성공적으로 마무리되었다.

내가 이 협상에서 성공할 수 있었던 이유는 재무제표 수치 이면의 원인을 정확하게 분석하고 관련 자료를 세심하게 작성해서 제출한 덕분이다. 내가 단가 인상을 추진하자고 했을 때 많은 직원이 전 제품에 대한 대폭적인 단가 인상은 불가능하다고 했지만, 나는 데이터가 가리키는 수치가 분명하다면 적정 판매가격으로 인상할 수 있다고 판단했다. 그리고 마침내 단가 인상에 성공할 수 있었다. 이로써 자사는 단가 인상으로 회생할 수 있는 발판을 마련했고 이후에는 형단조 전문 회사에서 건설중장비 부품 회사로 발전을 꾀하고 있다.

현금흐름을 분석하고
현금 경영에 집중하자

현금흐름이 드러낸 4가지 징후

부실기업의 경영난을 타개하기 위해 CEO로 부임하게 되면 우선적으로 회사의 자금 상황을 비롯해 재무 진단으로 업무를 시작하게 된다. 재무제표, 특히 현금흐름표를 중심으로 회사의 상태를 파악하는 것이 회사의 자금 및 영업 상황을 더 정확하게 파악할 수 있으므로 현금흐름표를 중심으로 분석을 진행했다. 그럼 우선 왜 현금흐름 분석으로 회사의 상태를 파악해야 하는지 현금흐름에 대해 알아보자. 미국 컨설팅 기업 'Business Literacy Institute'의 공동 오너인 캐런 버먼(Karen Berman)과 조 나이트(Joe Knight)는 《숫자의 진짜 의미를 읽어내는 재무제표 분석법》(이민주 역, 이레미디어, 2015)에서 현금흐름에 대해 다음과 같이 설명하고 있다.

첫 번째, 현금흐름은 영업현금흐름을 보여준다. 영업현금흐름은 영업을 통해 확보할 수 있는 현금을 보여주는 유일하고 가장 중요한 숫자이다. 지속적으로 양호한 영업현금흐름을 가지고 있는 회사는 분명히 이익을 내고 있을 것이다. 또한 이익을 현금으로 바꾸는 일도 잘하고 있을 것이다.

두 번째, 회사가 미래를 위한 투자에 얼마나 많은 현금을 지출하는가를 보여준다. 만약 그 숫자가 기업 사이즈에 비해 상대적으로 낮다면 이 회사는 투자를 많이 하고 있지 않을 것이며, 회사는 이 비즈니스를 '캐시카우(Cash Cow)'로 여기고 있든지 아니면 투자 여력이 부족한 상황일 것이다. 반면에 그 숫자가 기업 사이즈에 비해 높다면, 이는 회사가 기업의 미래에 큰 희망을 갖고 있음을 암시한다. 물론 그 숫자가 높은가 낮은가의 기준은 기업의 유형 및 산업에 따라 다르므로 경쟁업체 및 동종 산업의 투자 정도를 비교해 판단해야 한다.

세 번째, 기업이 외부 자금에 어느 정도 의존하는지를 보여준다. 수년의 자료를 분석한다면 기업이 상환할 수 있는 것보다 더 많은 부채를 갖고 있는지 알 수 있다.

네 번째, 손익계산서의 이익을 현금으로 적정하게 전환시키고 있는지를 확인할 수 있다.

결론적으로 손익계산서와 재무상태표에서는 가정과 추정에 근거해 기록을 하지만 현금흐름표는 위에서 설명한 것과 같이 현금흐름의 결과물을 기록하므로 재무적 기술에 영향을 받지 않은 숫자를 나타내는 우월한 분석 수단이다.

장기간 설비 투자 중단으로 생산성 하락, 제품 원가 상승

내가 자사의 현금흐름표를 분석한 결과 회사는 첫 번째 장기간 당기순손실을 기록하고 있어서 영업현금흐름의 규모가 매우 작았다. 두 번째, 투자에 대한 지출이 매우 적었다. 기계 및 설비의 신규 투자가 거의 없었고 기계 및 설비의 보수비도 적게 지출되어 수시로 장비가 고장이 나고 생산이 멈추는 상황이 반복되었다. 세 번째, 부채 비율이 매우 높아서 추가적인 금융 차입이 불가능했다. 외부 자금, 특히 은행에 대한 의존도가 절대적이었다. 네 번째, 손익계산서상에 이익이 없으므로 감가상각비 정도의 금액이 현금으로 발생하고 있었다.

종합적인 진단 결과 신규 투자 및 보수비를 증액해 기존 장비를 대대적으로 보수해서 생산성을 높이고 생산원가를 낮추고 불량률을 줄여야만 신규 제품의 수주가 가능할 것으로 판단되었다. 하지만 자사는 부채 비율이 높아서 추가적인 대출을 받기 어려웠고, 주주들도 추가적인 증자를 할 수 없는 상황이었다. 따라서 투자 자금을 어떻게 조달할 수 있을지가 기업 회생의 중요한 변수로 판단되었다. 이러한 상황에서 나는 회사의 현금흐름을 항목별로 분석해 현금흐름을 개선해서 최대한 확보할 수 있는 현금의 양을 분석하기로 했다.

확보 가능한 현금 규모는 얼마인가?

내가 현금흐름을 개선하기 위해 한 첫 번째 업무는 현금흐름을 세밀하게 분석해서 투자 자금으로 확보할 수 있는 현금을 분석한 것이다.

영업현금흐름 분석을 통한 현금 확보

- 순이익: 손익계산서의 순이익 증대 방안을 강구했다. 전 제품의 단가 인상을 추진하고 신규 제품을 판매해 영업현금흐름을 창출했으며, 신규 채용 없이 업무를 개선해서 자연 감소 임직원에 대한 인건비를 절감했다.
- 감가상각비: 손익계산서의 감가상각비로 현금의 지출이 없음을 파악했다.
- 외상매출금: 전 고객사의 매출채권 수취 기한을 단축하고 수출의 경우는 JP 모건(Morgan)에 매출채권을 할인해 현금을 확보했다.
- 재고자산: 6개월 이상 미사용 원자재는 즉시 매각했고 공용으로 사용할 수 있는 원자재를 분류해 보유 원자재의 종류를 줄여서 원자재 보유량을 축소했다. 또한 제강사에서 보유하고 있는 원자재와 자사 원자재를 통합 관리해 자사 보유량 축소 등으로 재고자산을 2년에 걸쳐 40억 원, 25% 감축해 현금을 확보했다.
- 외상매입금: 지급 기한을 1~2개월씩 연장했다.

투자 활동으로 인한 현금 확보

• 유형자산: 비업무용 부동산 및 자산을 매각했다.

재무 활동으로 인한 현금 확보

• 금융부채: 은행과 협상해 이자율을 인하해 지급 이자를 감
소시켰다.

• 전환사채: 사채이자율을 0%로 조정해 지급 이자를 감소시
켰다.

두 번째로 한 일은 현금흐름표, 손익계산서, 재무상태표를 항
목별로 분석해서 확보할 수 있는 현금을 추산했고 이 분석을 근
거로 설비부에서는 신규 투자액과 기존 설비의 수리비를 계산하
고 투자 계획안을 수립했다.

세 번째, 회사가 기존에 보유하고 있던 현금과 현금흐름 개선
을 통해 추가적으로 확보한 현금을 더한 금액의 범위 이내에서
대대적인 설비 보수 및 신규 자동화 라인의 투자를 진행했다.

현금 창출 및 신규 자동화 라인 투자를 통한 경쟁력 확보

당기순손실이 발생했다고 해서 반드시 음의 현금
흐름이 발생하는 것도 아니고 당기순이익이 발생했다고 해서 반
드시 양의 현금흐름인 것도 아니다. 당기순손실이 발생하고 있

다고 포기하지 말고 현금흐름을 분석해서 확보 가능한 현금을 찾아내고 이 현금을 설비 투자 및 제품 개발에 활용해 기업의 회생을 가속화시켜야 한다. 신규 설비의 투자 및 기존 설비의 대대적인 보수 없이 기계 및 설비의 가동이 중단되는 사태가 지속된다면, 생산성 저하로 인한 원가 상승 및 제품 불량으로 인한 고객 클레임과 비용의 증가로 회사는 점점 더 어려워질 것이다. 자사는 현금흐름을 분석해 확보한 현금으로 신규 자동화 라인 제작, 대대적 기계 및 설비의 보수를 단행해서 생산성과 품질을 향상시킬 수 있었고, 궁극적으로 높아진 원가 경쟁력을 바탕으로 타사와의 경쟁에서 우위를 점해 다양한 신제품을 수주하고 개발해 매출을 올릴 수 있었다.

3장

비전과
목표에 대한
전략 통찰

BUSINESS
TURNAROUND

비전을 달성할 장기 사업 계획을 수립하라

연간 사업 계획 수립의 문제점

기업들의 역사를 살펴보면 20년 이상 사업을 유지하는 기업도 드물고 10년 이상 제품이 지속적으로 판매되는 경우도 드물다. 기업이 지속적으로 성장하기 위해서는 기존 판매 제품을 일류 제품으로 성장시켜 회사의 매출과 이익을 늘려야 하고, 이와 더불어 새로운 제품을 개발해 미래 수익을 창출하기 위한 준비를 끊임없이 해야 한다. 하지만 10년 후를 보고 미래 시장을 예측해 신제품 및 신사업을 준비하는 기업은 많지 않다.

그 이유는 사업 계획을 세울 때부터 문제점이 내포되어 있기 때문이다. 대부분 기업은 매년 사업 계획을 수립하는 것으로 업무를 시작한다. 기획부는 차년도 사업의 방향을 수립하고, 영업부에 차년도 연간 판매량과 월별 판매량에 대한 계획을 요청한다. 영업부는 당해 연도 판매량, 시장의 수요 변화, 경쟁사의 동향, 고객사의 재고 보유 현황 등을 고려해서 차년도 계획을 산출한다. 구매부와 생산부는 영업부에서 계획한 판매량에 근거해 구매 계획과 생산 계획을 수립한다. 이 자료를 근거로 인사부는 인력 계획을, 자금부는 자금 조달 및 운용 계획을 수립하게 된다.

이와 같이 사업 계획을 수립하다 보면 매년 매출액 목표와 손익 목표를 달성하기 위한 전술적 방법만 단기적인 관점에서 연간 계획으로 수립하게 된다. 장기적 비전과 목표 달성을 위한 계획은 어디에서도 찾아볼 수 없게 된다. 사업 계획을 이런 방식으로 수립해 실행하다 보면 자사 제품의 성장주기가 정체기를 거쳐 쇠퇴기에 접어들게 되고 매출액과 수익은 점차 감소하게 된다. 하지만 이때 신사업을 발굴하고 추진하기에는 너무 늦은 시점인 경우가 많고, 회사는 제품의 수명과 같이 쇠퇴기에 진입한다.

그렇다면 회사는 지속적인 발전과 성장을 이룩하기 위해 어떻게 해야 할까? 나는 경영자에게 1년 단위의 사업 계획을 세우기 전에 10년 후를 내다보고 장기 사업 계획을 수립할 것을 제안한다. 그 이유는 다음과 같다.

장기 사업 계획을 수립하라

나는 많은 경영자들로부터 장기 사업 계획을 수립하면 1년도 못 가서 시장 환경의 변화, 기술의 변화, 경쟁사의 대응 변화로 계획을 변경하게 되어 장기 사업 계획이 쓸모 없어지고 계획을 세우는 것도 어렵고 실행하는 것은 더욱 어려우니 장기 사업 계획을 힘들여 세울 필요가 없다는 이야기를 많이 들었다. 하지만 경영자가 진정으로 해야 할 역할이 무엇인가? 현재와 같이 제4차 산업혁명으로 불리는 정보통신기술의 빠른 발전으로 시장 환경과 기술이 급변하는 상황에서는 기업이 변화에 대비하고 지속적으로 성장하기 위해 남들보다 더 빠르게 신제품을 개발하고 신사업을 추진해 시장을 선점해야 한다. 즉, 경영자는 항상 시장과 기술의 변화를 철저히 분석하고 미래를 더 정확하게 예측해 미래 사업 계획을 수립하고 신제품 개발과 신사업을 추진해 시장을 선점하고 장기적인 성장을 이룩해야 한다. 이것이 창조적 경영자의 진정한 역할이다.

우리 모두가 알다시피 10년간 매출액 규모가 10배 증가하고 글로벌 1위 IT 기업으로 성장한 삼성전자는 사업을 4가지 사업, 즉 고목 사업, 과수 사업, 묘목 사업, 씨앗 사업으로 분류했다. 고목 사업은 더 이상 과수를 수확할 수 없는 사업으로 사업을 철수해야 하는 사업이고, 과수 사업은 현재의 매출과 이익을 책임지며 회사의 성장을 이끌고 있는 사업으로 확실하게 일류 사업으로 만들어야 할 사업인 반면, 묘목 사업과 씨앗 사업은 미래를 준비하는 사업이다. 묘목 사업은 3~4년 안에 결실을 얻고, 씨앗 사업은 5~10년 뒤 주력 사업이 될 것으로 분류해서 장기적인 관점에서 사업 전략을 수립해 미래의 신사업을 육성하는 것이다. 즉, 미래의 신사업이 될 묘목 사업과 씨앗 사업을 명확하게 구분해 미래의 신제품과 신사업을 준비하는 것이다. 그 결과 삼성전자는 반도체 산업을 씨앗 사업으로 지정, 육성해 세계 1위 메모리반도체 회사가 되었고, 지금은 파운드리 사업을 새로운 씨앗 사업으로 지정해 미래를 준비하고 있다.

삼성전자와 같이 새로운 제품을 개발해 미래 수익을 창출하기 위한 준비를 끊임없이 해야 한다. 미래 수익을 확보할 수 있는 제품, 회사의 업에 부합하는 제품, 성장성을 포함한 시장 매력도가 높은 제품, 타사 대비 높은 경쟁력을 갖춘 제품, 판매 고객을 이미 확보하고 있거나 확보할 수 있는 제품을 발굴하고 장기 사업 계획을 수립해서 철저하게 준비해야 한다. 1년 단위 사업 계획은 장기적 사업 계획에 맞춰 목표를 설정하고, 단계별 실행 계획을 수립해 실행해야 한다.

미래를 준비하는 자만이 시장을 선점할 수 있다

삼성전자의 이건희 전 회장은 다음과 같이 미래를 준비하는 시나리오 경영을 언급했다.

"5년 내지 10년 앞을 내다보고, 시나리오를 짜서 모든 것을 준비하는 기회 선점형이 되지 않으면, 존재는 하지만 이익은 내지 못하는 기업으로 전락하고 만다." (중략) 미래의 환경 변화와 경쟁사의 전략을 예측해 대응책을 사전에 준비해두는 시나리오 경영이야말로 무한 경쟁의 소용돌이 속에서 경쟁 우위를 점하기 위한 기본 요건이라 할 수 있다.

- 이건희,《생각 좀 하며 세상을 보자》, 동아일보사, 1997

이건희 전 회장이 주장한 바와 같이, 경영자는 미래를 예측하고 사전에 준비해서 기회를 선점해야만 이익을 내는 기업으로 존재할 수 있다. 10년 후의 미래를 예측하고 장기 사업 계획을 수립하고 미래를 준비한 기업과, 매년 요식적인 1년 단위의 사업 계획을 수립해 단기 실적 달성에 집중한 기업 중 누가 미래를 선점하고 기업의 장기적인 성장을 이룩할 수 있는지는 자명하다.

자사의 비전과 목표를 명확히 하고 장기 사업 계획을 수립하자. 장기 사업 계획에 맞춰 그 목표를 달성하기 위한 연간 사업 계획을 수립해 실행하자. 시장, 기술, 경쟁사의 대응 등으로 상황이 변했다면, 장기 사업 계획에 반영하고 연간 사업 계획을 수정해 실행하라. 미래의 성공을 원하는 경영자라면 미래의 기술과 시장을 관찰하고 공부해서 더 정확하게 예측해야 한다. 예측에 기반해 미래의 제품과 신사업을 장기적인 관점에서 준비하고 투자하자. 미래는 준비한 기업에게만 성장과 이익 창출이라는 성공의 문을 활짝 열 것이다.

선택과 집중으로
타깃 시장을 명확히 하라

사업 계획을 수립할 때 흔히 간과하는 점

　　많은 회사들의 사업 계획서를 보면 기존 제품의 매출 수량과 매출액을 몇 퍼센트 증가시키는 것을 목표로 하고 이 목표를 달성하기 위한 전략을 수립해서 전략의 실행 계획을 포함한 사업 계획을 수립한다. 이러한 사업 계획으로 시시각각으로 변하는 시장과 기술을 따라잡고 전 세계 경쟁자들과의 경쟁에서 살아남을 수 있을까?

　　현재 우리는 1등 제품만이 살아남는 승자독식 사회에 살고 있다. 전 세계는 물리적으로 1일 생활권 안에서 살고 있고, 정보통신기술의 발달로 사이버 세계에서는 언제 어디서나 정보를 공유하는 실시간 생활권 안에서 살고 있다. 언제 어디서나 전 세계 고객에게 자사의 제품을 판매할 수도 있지만 전 세계 경쟁자들과 실시간으로 더 좋은 품질, 더 싼 가격, 더 새로운 기능을 가진 신제품과 경쟁을 하고 있는 것이다.

그렇다면 사업 계획은 어디서부터 출발해야 하는가?

첫 번째, 회사는 기존 제품 및 사업을 검토해서 사업 철수, 현상 유지, 선택과 집중 사업으로 분류해야 한다.

> LG전자는 공시를 통해 "휴대폰 사업 경쟁심화 및 지속적인 사업부진, 내부자원 효율화를 통해 핵심 사업으로의 역량 집중 및 사업구조 개선을 사유로 영업을 중지한다"고 사업 철수 사유를 설명했다.
> - 성훈, "[굿바이 LG폰] ②LG 핸드폰 사업 철수… 26년 만에 역사 속으로", 〈아주경제〉, 2021. 4. 5.

기사의 내용과 LG전자의 공시 내용을 살펴보면, LG전자는 누적 영업적자만 5조 원 규모에 이르는 휴대폰 사업을 정리하고 선택과 집중을 통해 신사업을 육성하고 재무구조를 개선하기 위해 전략적 선택을 한 것이다.

이 기사에서 보는 바와 같이 기업은 자사가 경쟁사 대비 더 높은 경쟁력을 보유하고 있거나 보유할 수 있는 제품과 사업을 선택하고 집중하기 위해 현재 경쟁력 열위이면서 미래에도 경쟁력을 확보하기 어려운 제품이나 사업에서 철수해서 회사의 자원과 역량을 회사가 강점을 보유하고 있는 미래의 성장 가능성이 높은 제품 및 사업에 집중해야 한다. 기사는 LG전자가 "휴대폰 사업 정리 이후 대책으로 '선택과 집중을 통해 전사 사업 포트폴리

오를 개선하겠다'고 밝힌 만큼, 모바일 분야 기술과 노하우를 내재화해 AI 솔루션과 로봇·자동차 전장사업·전기차 배터리 등 미래 신사업에 적극 활용할 방침이다"라고 강조했다. 즉, 회사는 회사가 선택하고 집중할 제품과 사업을 선정하는 동시에 철수 또는 현상 유지를 목표로 하는 사업을 선정해서 자원을 잘 배분해야 한다.

두 번째, 회사는 판매하는 제품이나 기획하고 있는 제품 또는 신사업이 고객에게 경쟁사 제품보다 더 높은 진정한 가치를 제공하고 있는지를 고민하고 또 고민해야 한다. 그리고 어떻게 고객에게 더 높은 가치를 제공하는 상품을 개발할 수 있는지에 대한 해결 방안을 찾고 그 방안을 제공하기 위한 제반 전략을 수립해야 한다. 그렇다면 어떻게 사업 계획을 통해 고객의 니즈와 이익을 제고할 수 있는 진정한 가치를 제공하는 제품 및 신사업을 선정하고 선정된 제품 및 신사업에 집중해 기업의 성공을 이끌어야 하는지 설명하려고 한다.

선택과 집중을 통한 성공 방정식

사업 계획이란 무엇인가? 왜 사업 계획을 수립하는가? 기업은 제품 또는 서비스를 판매해 고객에게 가치를 제공하는 대가로 매출과 수익을 확보하는 것이다. 기업은 사업 계획을 통해 기업이 가지고 있거나 사용 가능한 한정적인 자원을 선택한 사업에 집중 투자해 고객에게 제공할 가치가 있는 제품이나 서비스를 개발, 생산, 판매하는 것이다.

여기에서 주의할 사항이 있다. 모든 기업은 가지고 있는 자원이 제한적이고 회사의 강점과 약점이 모두 다르므로, 자사가 갖고 있는 인력, 기술, 제품, 현금 등 자원을 검토하고 경쟁사와 비교해 자사만의 강점과 약점을 철저하게 분석해야 한다. 그 후에 미래의 성장 가능성이 높고 경쟁사 대비 경쟁 우위에 있는 제품 및 사업을 선택해 집중함으로써 사업의 장기적인 성공을 달성해야 한다. 즉, 사업 계획의 목표를 정확하게 정의하고 사업 계획을 수립해야 한다는 말이다.

사업 계획의 목표는 현재 사업을 세계 일류 사업으로 발전시키고 지속적인 성장을 통해 회사의 매출과 수익을 확실하게 증대시킬 계획을 수립하는 것이어야 한다. 또한 미래의 성장을 위해 5년, 10년 후의 중점 사업이 될 신제품 및 신사업에 대한 계획이어야 한다. 좀 더 구체적으로 설명해 보면 다음과 같다.

첫째, 시장, 기술, 경쟁 제품을 분석해서 제품과 신사업을 선택해야 한다. 주력 제품과 신사업의 선정 작업은 회사의 현재와 미래를 좌우하는 제일 중요한 과제로, 경영자에게도 그 어떤 것보다도 중요한 과제이며 사명이다. 경영자는 시장, 기술, 고객, 제품, 자사와 경쟁사를 관찰하고 공부해서 미래를 정확히 예측해야 하고, 그 예측을 기반으로 주력 제품과 신사업을 선택해야 한다. 미래의 성공 가능성이 없는 제품이나 사업을 사업 계획의 우선 목표로 선정한다면, 아무리 좋은 사업 계획과 전략을 수립해 실행해도 회사의 성공을 달성하기는 어렵다. 또한 잘못된 사업에 회사의 자원을 집중한다면 사업의 실패에서 끝나지 않고 회사의 생사에도 영향을 줄 수 있으니 그 중요성은 재론할 필요가 없다.

둘째, 제품과 신사업을 선택했다면 사업성을 평가해야 한다. 사업성 평가를 위해서는 제품의 시장 규모, 성장성, 거시환경, 및 산업환경을 먼저 분석하고 고객, 자사, 경쟁사 및 제품, 경쟁, 신규 진입장벽, 대체재 및 비교 우위, 생산원가, 보유 자원 등을 분석해 경쟁사 대비 회사의 강점, 약점, 기회, 위험요인을 분석하고, 시장 세분화, 타깃, 제품 포지셔닝을 통한 가격 책정 및 장기적인 성장 가능성을 분석해서 사업 전략을 수립하고, 사업 타당성을 분석해야 한다.

셋째, 사업성 평가를 통과했다면 경제성을 분석해야 한다. 투자회수기간 및 투자수익률을 분석해서 회사가 기대수익보다 더 높은 수익을 목표 시점까지 달성할 수 있는지 분석해야 하는 것이다.

넷째, 경제성 분석을 통과했다면 구체적인 계획을 수립해야 한다. 여기에는 투자 계획뿐만 아니라 담당자의 선정, 사내 시스템의 구축, 개발 계획, 생산 계획, 판매 계획 등을 구체적으로 세워야 한다.

이기는 싸움을 통해 세계 1등에 도전하라

주력 제품과 미래 신사업을 선정했는가? 신사업에 대한 사업성 평가, 경제성 분석, 사업 계획 수립을 완료했는가? 그렇다면 즉시 도전하라. 목표는 세계 1등이다. 승자독식의 경쟁 사회에서는 더 이상 2등 전략, 1등을 카피하는 팔로어(Follower) 전략은 유효하지 않다. 1등을 카피해 따라가는 동안 1등 회사는 더 빨리 차별화 기술을 도입하고, 고객의 미충족 니즈를 충족시키는 차기 제품을 출시해서 고객 만족도와 브랜드 인지도를 빠르게 제고하여 더 앞서 나갈 것이다.

자사가 세계 1등, 일류가 가능한 제품과 사업을 선택하고 집중해야 한다. 즉시 이기는 사업 전략을 수립하고 이 전략을 실행해서 세계 일류화 제품, 1등 제품으로 발전시켜야 한다. 경영자는 도전과 실행을 통해 제품과 사업을 일류화하고 세계 1등을 완성해야만 기업의 성장과 미래를 확보할 수 있다.

담대한 목표를 수립하고
공유하고 실행하자

회사가 어렵다면 문제점을 파악해 전 직원과 공유하라

회사가 현재 어려운가? 미래가 불확실한가? 어려운 회사의 근본적인 문제점은 현재 회사의 시스템이 잘못되었거나 시스템을 제대로 운영하지 못해서 발생하고 있는 것이다. 회사의 문제점을 구체적으로 파악하라. 전 조직과 전 직원의 시스템에 어떤 문제점이 있는지 구체적으로 파악해 개선해야 한다.

문제점을 파악했다면 전 직원에게 회사의 문제점과 위기 상황에 대한 정보를 공유하라. 시스템의 문제점을 파악했다고 해서 문제점을 개선하는 것은 말처럼 쉽지 않다. 개인도 자신의 습관을 바꾸는 것은 쉬운 일이 아니다. 과거 30년간 담배를 피우고 있던 사람이 오늘부터 금연하라고 한다면 몇 사람이 성공할 수 있겠는가? 아마 극소수만이 성공할 수 있을 것이다. 하지만 흡연으로 인해 폐암이 1년 이내 발생할 확률이 90%라는 데이터를 제시한다면 어떨까? 대다수의 흡연자는 흡연을 중단할 것이다.

기업의 변화도 이와 같다고 생각한다. 회사가 제품 경쟁력이 떨어져서 매출 감소, 이익 정체 또는 적자가 발생한 상황이고 회사가 보유하고 있는 현금 유동성은 고갈되고 있는 상태라면 어떻게 하겠는가? 이런 상황을 경영자가 정확하게 직원들에게 전달하고 정보를 공유한다면, 전 직원은 회사가 절체절명의 위기 상황이며 이 상황을 타개하는 것만이 회사의 생존과 직원의 일자리를 보존할 수 있다는 것을 확실히 인식할 것이다.

회사의 위기 상황에 대해 전 직원이 공감한다면, 위기를 타개할 수 있는 미래 비전과 목표를 제시해야 한다. 달성하기 어려운 담대한 목표를 설정해 불굴의 의지로 목표를 달성하고 회사를 위기 상황에서 구하겠다는 확실한 동기를 전 직원이 공감할 수 있게 해야 한다. 이러한 사전 준비가 된 상황에서 과감한 변화를 수반하는 사업 전략과 실행 계획을 제시하고 실행해야 한다. 그럼 담대한 목표를 설정하고 변화에 도전해 실행한 나의 사례를 소개하려고 한다.

전 직원이 담대한 목표를 함께 꿈꾸고 도전하게 하라

첫 번째, 전 직원에게 회사의 문제점과 위기 상황에 대한 정보를 공유하고 전 직원이 변화에 도전할 수밖에 없다는 현실을 직시하게 했다. 자사는 과거 10년간 지속적인 당기순손실을 기록하고 있었고, 매출액은 10년간 50% 감소했다. 그 원인은 제품의 수요 감소, 생산성 열위, 매출이익률 감소, 가격 경쟁력 열위로 인해 사업성을 잃어가고 있는 데 있었다. 또한 매출 감소 및 지속적인 당기순손실로 인하여 과다한 부채에 시달리고 있었고, 코로나19로 인해 글로벌 수요가 급감하고 원활한 생산이 어려운 상황으로 더 큰 위기에 봉착했다. 나는 이러한 회사 상황을 정확하게 직원들에게 전달해 회사는 위기에 직면했으며 이 상황을 타개하지 못하면 미래가 없다는 점을 인식하게 했다.

두 번째, 새로운 비전과 장기 목표를 제시하기에 앞서, 담대한 도전을 위한 실행 전략을 수립하고, 회사의 조직 및 시스템을 이 전략에 맞춰 새로 정비했다. 새로운 비전과 목표를 제시했을 때 바로 계획을 수립하고 실행할 수 있도록 미리 철저하게 준비해야 한다. 사전에 성공할 수 있는 환경을 만들어놓고 이기는 전쟁을 해야 성공을 보장할 수 있고 전 직원의 동의를 구하고 전 직원이 함께 도전할 수 있는 것이다.

나는 빠른 의사 결정과 실행이 가능하도록 조직을 재구성했다. 영업부를 통해 정보를 취득하게 하고 전 부서가 고객의 요구에 맞춰 조기 대응할 수 있는 시스템을 구축했다. 구매부를 구매개발부로 전환해 경쟁력을 보유한 다수의 협력 회사를 발굴해서 완성 부품의 품질 향상과 원가 절감을 추진했다. 또한 영업부를 국내와 해외로 구분하고 해외 영업을 강화하기 위해 해외 영업비를 증액시키고 영업 활동을 강화해서 건설중장비 부품의 수주를 조기에 달성했다.

또한 연구소와 생산부가 협력해 조기에 신제품을 개발할 수 있는 시스템을 구축했다. 시스템의 구축과 함께 각 조직을 리드하는 조직의 장을 새로 선발했다. 새로운 조직의 리더는 실력과 경험을 두루 갖췄으면서도 도전과 변화를 이끌 수 있는 직원으로 선발했다. 어떤 조직을 구성해도 일을 실행하는 것은 사람이다. 굳건한 의지를 가지고 도전과 변화에 앞장설 수 있는 리더를 선발하는 것이 무엇보다 중요하다.

셋째, 사전 준비가 되었다면 새로운 비전과 장기 목표를 제시해야 한다. 이때 도전과 변화를 통하지 않고서는 달성이 불가능한 비전과 목표를 설정해야 한다. 또한 전 직원이 목표를 달성할 경우 회사가 반석 위에 세워지고 지속적인 성장이 가능한 가슴이 뛰는 목표를 설정해야 한다. 즉, 전 직원에게 목표를 달성해야 하는 충분한 동기를 제공해야 하는 것이다. 단순히 전년대비 5%, 10% 매출액의 증대를 목표로 삼아서는 절대 자신의 한계를 뛰어넘을 변화를 시도하지 않는다. 이럴 경우 국내 경제성장율 또는 세계 경제성장율 내외의 실적을 달성할 것이다.

담대한 목표를 설정하라. 목표를 30%, 50% 증액하라. 신제품을 출시해서 100%, 500% 매출액 증대 목표를 설정하라. 기존에 실행했던 과거의 방식을 뛰어넘는 새로운 창의적인 방식을 개발하는 데 몰입하고 달성할 수 있도록 전 직원이 불굴의 의지로 도전하게 하자.

이때 설정한 담대한 목표가 전 직원에게 꿈과 희망이 되고 세계 시장으로 나아가서 경쟁하고 일류 기업이 될 수 있게 하는 어려운 목표이지만 실현 가능한 목표, 달성할 경우 회사의 매출과 성장이 보장되는 목표여야 한다. 즉, 기존에 경쟁자가 뛰어넘지 못한 한계를 넘어야만 달성할 수 있는 목표를 설정해야 하고, 불굴의 의지로 달성했을 때는 경쟁사가 따라올 수 없는 경쟁력을 확보할 수 있어야 한다. 나의 경우는 자사의 업을 단조업에서 완성 부품 제조업으로 전환해 새로운 산업에 진입하고, 완성 부품을 내수 시장을 넘어 수출 시장으로 확대해서 세계 일류 건설중장비 부품 회사가 되는 것을 목표로 설정했다.

넷째, 새로운 변화에 도전할 때는 전 직원이 동일한 목표를 한마음으로 함께해야만 앞으로 나아갈 수 있다. 전 직원이 사장의 마음가짐을 갖고 변화하겠다는 불굴의 의지를 갖게 만들어라. 조직과 전 직원의 목표를 회사의 목표를 달성하기 위해 같은 방향으로 일치시키고 상호 목표와 실행 과정을 공유하고 협조해야 한다.

나는 전 조직의 목표를 A3용지로 작성해 전 부서에 배포하고 게시하게 했다. 이 공고문을 통해 전 조직이 분기별로 어떤 목표를 어떻게 실행하고 있는지 서로 알고 협조할 수 있게 했다. '백문불여일견'이라고 한다. 백 번 말로 전달하는 것보다는 항상 시각적으로 직접 보고 인지하고 실행할 수 있도록 하는 것이 목표를 인지하고 실행하는 데 더 큰 효과가 있다.

다섯째, 변화 도전에 성공해 목표를 달성했을 경우 전 직원에게 확실한 동기가 될 수 있는 보상체계를 세워서 제시해야 한다. 나는 항상 영업이익의 일부를 직원 상여금으로 지급하는 제도를 만들어 실행했다. 회사의 성공이 직원의 성공과 일치한다는 믿음을 갖고 직원이 사장의 마음가짐을 갖고 불굴의 의지로 실행해야만 회사와 직원의 미래를 보장할 수 있다. 회사의 성공이 직원 개개인의 성공이라는 사실을 항상 인지하고 있어야 한다.

직원과 회사가 가슴 뛰는 꿈을 꾸게 하라

단순히 회사의 문제점을 나열하거나 연간 목표를 설정해서는 회사는 진정한 변화와 도전을 실행할 수 없다. 전 직원이 회사의 현재와 미래에 대한 위기의식을 가슴 깊이 새기고 목표를 달성할 경우 경쟁사를 뛰어넘어 확실한 초일류 기업으로 성장할 수 있는 담대한 목표를 제시해야 한다. 회사의 담대한 목표가 직원 개개인의 목표가 될 때, 직원은 미래에 대한 꿈을 꾸게 될 것이고 기존에 상상하지 못했던 도전과 변화를 실행할 수 있다. 경영자는 끊임없이 공부해서 미래를 정확하게 예측하고 담대한 목표를 제시해야 한다. 그리고 담대한 목표를 통해 전 직원이 미래에 대한 꿈을 꾸게 만들어야 한다.

사업 계획의 완성은 실행이다

기존 사업 계획의 문제점

회사의 비전과 목표를 분명하게 잘 세웠다면 사업의 목표 방향을 잡은 것이고 사업 계획의 반은 완성된 것이다. 하지만 나머지 반이 남아 있다. 그것은 계획의 수립과 실행이다. 계획의 수립과 실행은 구분되어 있는 것이 아니다. 계획은 실행할 수 있도록 수립되어야 하며, 실행이 완료되어야 계획이 제대로 수립된 것이다. 즉, 실행 계획을 수립하고 실행해야 한다.

많은 경영자와 기업은 연초에 사업 계획을 세우고 한 해를 시작한다. 하지만 얼마 지나지 않아 자사 내외의 새로운 문제들에 직면하게 되고 이러한 문제들과 일상의 업무에 파묻혀 몰입하다 보면 연초에 수립한 사업 계획은 어느새 경영자와 직원들의 관심에서 멀어지고 과거의 문서로 남는 경우가 허다하다. 반기, 연

말이 다가와서야 연초에 수립한 사업 계획서를 다시 꺼내서 수행 여부를 점검하고 미진사항을 보완해서 대강 한 해를 마감하게 되는 것이다. 이렇게 해서는 회사가 수립한 비전과 장기 목표를 달성하는 일은 불가능해진다. 그렇다면 수립된 사업 계획을 어떻게 실행해야 목표를 완성할 수 있을까? 그 구체적인 실행 방법을 설명하려고 한다.

목표는 꿈을, 계획은 방법을, 실행은 성공을 제공한다

첫 번째, 경영자는 기존의 한계를 뛰어넘는 도전적인 목표를 설정하고 이 목표를 달성하기 위한 사업 전략을 수립해야 한다. 사업 전략은 현황을 분석하고, 문제점을 파악하고, 목표 달성을 위해 누가, 언제까지, 무엇을, 어떻게 실행할 것인지를 정하는 일이다.

두 번째, 경영자는 회사의 최종 목표와 수립된 전략을 갖고 관련 부서의 장들과 함께 모여 관련 부서에서 회사의 최종 목표를 달성하기 위해 중간에 달성해야 할 중간 목표를 설정해야 한다. 이때 전사의 중간 목표는 해당 부서의 최종 목표가 되는 것이다.

세 번째, 부서의 최종 목표가 결정되었다면 다시 한번 목표 달성을 위한 부서의 사업 전략을 수립하고 이 전략을 근거로 중간 목표를 설정해야 한다.

네 번째, 부서의 중간 목표는 개인의 최종 목표가 되고 최종 목표 달성 과정의 개인별 중간 목표와 실행 계획을 수립해야 한다.

이러한 사업 계획을 수립할 때는 항상 선택과 집중, 자율과 공유를 기반으로 해야 하며, 일정을 수립하고 점검해야 하며, 칭찬과 보상을 반드시 실시해야 한다.

선택과 집중

사업 계획을 수립하는 과정에서 가장 기반이 되는 첫 번째 항목은 선택과 집중이다. 어떤 목표를 선택하느냐가 계획의 성공을 좌우한다. 경쟁사보다 먼저 멀리 내다보고 더 높은 곳을 향해 정확하고 도전적인 목표를 설정하라. 도전적인 목표를 선택했다면 전사, 전 부서, 전 직원이 설정 목표를 달성하기 위해 집중해야 한다.

이때 목표는 목표의 수가 많은 것보다는 적을수록 좋다. 그래야 더 집중도가 올라가고 성공 가능성을 높일 수 있다. 또한 중간 목표는 달성 결과를 나타내는 숫자보다는 최종 목표를 달성하는 과정에 반드시 달성해야 할 행위의 결과로 측정할 수 있는 것으로 정하는 것이 좋다.

자율과 공유

사업 계획 수립 과정에서 중요한 기반이 되는 두 번째 항목은 자율과 공유이다. 인간은 누구나 자아 성취의 욕구를 갖고 있다. 지시를 받는 것보다는 스스로 목표를 정하고 스스로 노력하고 달성하는 과정에서 성취감을 느끼고 최선을 다하게 되는 것이다. 사업 방향과 전사의 목표는 경영자가 지시하는 것이 효율적이지만, 도전적인 중간 목표의 수립 및 이행 과정에 대해서는 함께 협의하고 부서별, 개인별로 목표를 설정하게 해야 한다. 그리고 이러한 사업 계획의 수립 과정과 내용을 전 직원이 공유해 협조하고, 일정을 서로 지킬 수 있도록 해야 한다.

일정 수립 및 점검

전사, 부서, 개인별 사업 목표 및 실행 과제들이 결정되었다면 각 과제별로 수행 일정을 주간 단위로 구체적으로 작성해 개인별, 부서별로 취합해서 전사의 수행 일정표를 작성해야 한다. 이 일정표를 엑셀로 작성해서 회사 서버에 보관하고 인트라넷으로 전 직원이 공유해야 한다. 그렇게 해야 서로 관련이 있는 업무들이 전사적으로 어떻게 수행되고 본인의 업무에 어떻게 영향을 끼치고, 본인의 업무가 어떻게 전사 목표에 기여하는지 알 수 있게 된다. 또한 개인의 목표와 실행 과정을 전 직원과 공유할 경우, 책임감을 갖고 목표를 달성하기 위해 최선을 다하게 될 것이다.

사장, 부서장, 책임자들은 매주 사업 계획의 진행사항을 점검하는 회의를 해서 사업 계획이 잘 진행될 수 있도록 임직원을 코칭하고 전사의 자원을 집중해 지원할 수 있도록 해야 한다. 이 과정에 환경이 변하거나 중간 목표, 실행 과제를 변경해야 할 경우는 협의 및 승인 과정을 거쳐 변경하고 전사에 공지해야 한다.

또한 개인 혹은 한 부서의 중간 목표, 실행 과제가 변경될 경우 다른 직원 및 타 부서와 관련된 업무에도 영향을 주므로, 변경할 경우 관련 부서와 사전 협의해서 결정하도록 해야 한다.

나는 회사 인트라넷으로 공유하는 것 외에도 연간 사업 계획을 A3용지에 월별로 정리해서 전 부서장에게 배포하고 전 부서에 게시하도록 했다. 전 식원이 수시로 전사의 사업 계획 진행 경과를 눈으로 보고 파악할 수 있게 해서 본인이나 부서의 업무가 전사 목표를 달성하기 위해 계획한 바와 같이 진행되는지 파악하게 했다.

사업 계획은 매월, 매분기, 매반기, 매년 말에 점검한다. 이때 차월, 차분기, 차반기, 차년의 계획에 대해서도 같이 검토해 미래를 대비할 수 있어야 한다. 또한 반기별로 전 직원이 모여 반기 실적 및 미진사항을 점검하고 이런 사항을 반영한 차기 계획을 발표, 공유, 협의하고 목표 달성 의지를 공고히 할 수 있도록 했다. 사업 계획을 점검하는 회의는 전 직원이 주도적으로 달성한 성과를 자랑하고 함께 정보를 공유하는 축제의 장이 될 수 있도록 해야 한다.

칭찬과 보상

평가를 통해 높은 성과를 달성한 직원에게는 칭찬과 보상을 해야 한다. 자기 평가와 상사 평가를 통해 객관적으로 달성 결과를 평가하고, 잘한 일에 대해서 칭찬을 아끼지 말고, 미진한 일에 대해서도 최선을 다해 도전했다면 칭찬해야 한다. 미진한 일에 대해서는 보완하고 목표를 수정해서 재도전하거나 더 중요한 새로운 목표를 달성하기 위해 기존 목표를 중단해야 한다. 더 높은 도전적인 목표를 설정하고 자사와 직원들이 도전하게 하고 성취욕을 고취하는 것이 조직을 움직이는 동기가 되는 것이다.

실행으로 도전과 변화를 완성하자

목표 설정뿐만 아니라 계획의 수립과 실행에도 선택과 집중이 필요하다. 많은 계획을 세워서 실행하겠다는 것은 아무것도 하지 않겠다는 것과 동일하다. 정말 중요한 것이 무엇인지를 판단하고 선택과 집중으로 사업 계획을 수립하고 실행해야 한다. 경영자는 사업을 성공으로 이끌기 위해 시장을 분석하고, 미래를 예측해 더 멀리 바라보고 더 높은 도전적인 목표를 설정하고, 사업 계획을 수립하고 실행해서 완성해야 한다.

'구슬이 서 말이라도 꿰어야 보배'라는 말이 있듯이 아무리 좋은 목표, 아무리 좋은 계획이라도 실행이 수반되지 않아서는 아무런 성과를 거둘 수 없다. 사업 계획의 실행은 전 직원이 선택과 집중, 자율과 공유, 점검 및 칭찬을 통해 모두 최선을 다해야 달성할 수 있다. 전 직원이 열정을 갖고 목표를 성취하는 과정에서 즐거움, 성취욕, 자긍심을 느낄 수 있도록 하고, 지속적인 코칭과 지원, 칭찬과 보상으로 실행을 완료할 수 있게 해야 한다.

전 직원이 합심해서 도전하고 변화를 이끌어내려고 최선을 다할 때, 그리고 이런 목표를 달성하는 과정에서 직원이 리더로 성장할 때, 회사도 지속적으로 성장할 수 있다.

성과관리 시스템을 구축하자

성과 보상은 왜 필요한가?

나는 직장 경험을 통해 성과 보상의 효과를 체득했다. 첫 직장은 한국장기신용은행이고 두 번째 직장은 삼성전자로, 두 회사는 은행과 IT 회사로 관계가 없을 것 같지만 산업은 달라도 유사한 인사 정책을 실시해 사업을 성공으로 이끌었다.

두 회사 모두 최고의 대우, 최고의 성과 보상 제도를 도입해 우수한 인재를 영입하고 최고의 성과를 달성하게 하고 동종업계 최고의 보상을 제공해서 지속적인 성과를 창출하게 했다. 우수한 직원의 영입과 직원 성과를 조직의 목표와 일치시키고, 이러한 목표가 달성될 수 있도록 관리하고, 달성되었을 때 파격적인 성과 보상을 실시해 개인과 조직에 강력한 동기를 부여하는 것이다.

삼성전자의 이건희 전 회장은 성과 보상에 대해 다음과 같이 이야기했다.

> 인센티브라는 것은 신상필벌이 아니고 상만 주는 것이다. 나는 이것을, 인간이 만든 위대한 발명품 중의 하나이며 자본주의가 공산주의와 대결해서 승리한 원인이라고 생각한다.
>
> - 이건희,《생각 좀 하며 세상을 보자》, 동아일보사, 1997

즉 인센티브를 개인과 조직에 강력한 동인을 부여하는 인간의 위대한 발명품으로 통찰한 것이다. 나 또한 어려운 회사에서 최고의 성과 보상 시스템을 도입해 개인과 조직에 강력한 성취 동기를 부여해서 커다란 성과를 창출한 바 있다. 내가 도입한 성과 보상 시스템을 소개해 보겠다.

최고의 성과 보상을 제도화하자

성과에 대한 보상으로는 승진과 같은 인사상의 보상, 연봉과 인센티브와 같은 금전적 보상, 장기 주식 옵션 제공 등의 보상이 있지만, 그 어떤 보상보다도 금전적 보상 제도가 제일 큰 효과를 발휘한다.

나 또한 당기순이익이 발생할 경우 인센티브를 제공하는 금전적 보상을 중심으로 성과급 제도를 도입했다. 내가 실시한 구체적인 성과 보상 제도는 다음과 같다.

첫 번째로 성과급 제도에 대해 다음과 같은 원칙을 분명하게 했다.

원칙 1: 회사의 성과는 직원의 성과와 일치하고 회사의 성과를 직원과 같이 나눈다는 원칙을 세웠다.

원칙 2: 목표 초과 이익이 있는 곳에 보상한다. 회사의 자기자본을 다른 곳에 투자했을 때 취득할 수 있는 자본비용을 차감한 자기자본비용 제외 당기순이익 또는 목표 당기순이익을 초과한 이익을 보상 재원으로 규정했다.

원칙 3: 회사는 매년 당기순이익을 발생시키고 그 규모를 키워가면 좋겠지만 당기순손실이 발생할 수도 있으므로 성과급 제도는 급여의 인상이 아닌 당해년도 초과당기순이익을 기준으로 인센티브를 제공하는 것으로 했다.

원칙 4: 전 직원을 지급 대상으로 하되 평가를 통해 부서별 또는 개인별로 차등 지급을 원칙으로 했다. 즉, 성과가 있는 곳에 지급하는 것을 원칙으로 하되 전 직원이 수혜를 받을 수 있게 했다.

원칙 5: 회사의 지속 성장을 위해 투자에 필요한 현금을 우선적으로 사내 유보한다는 원칙을 세웠다. 사내 투자를 통한 회사의 장기적 성장이 궁극적으로 직원의 성장으로 연결된다.

원칙 6: 자기자본비용 제외 당기순이익 또는 목표 당기순이익을 초과한 이익을 대상으로 1/3을 직원의 성과 보상 재원의 최대 금액으로 책정하고, 개인별로 연봉의 1/2을 초과할 수 없도록 했다. 파격적인 보상은 직원에게 커다란 성취동기를 부여하지만 너무 과도할 경우 금전적인 보상에만 몰입하는 부작용이 생길 수 있으므로 최고로 지급할 수 있는 한도를 설정했다.

두 번째, 성과 보상 제도를 수립하고 전 직원에게 널리 알려서 성취동기를 불러일으키게 했다. 회사의 성과를 직원과 공유한다는 것을 적극적으로 알리고 직원은 회사의 귀중한 동반자이고 회사의 성장과 발전이 직원의 성장과 발전과 일치한다는 것을 알게 해야 한다. 회사와 직원은 한 몸이며, 개인의 발전이 회사의 발전을 이끌고 회사가 발전해야 개인에게 금전적 보상과 더 많은 기회를 제공한다는 것을 인지하게 해야 하는 것이다.

세 번째, 반드시 초과당기순이익을 발생시키고 직원이 놀란만한 규모의 인센티브를 제공하라. 한 번 인센티브를 받은 직원은 성취 욕구가 더 고취될 것이고 차년도에는 더 좋은 성과로 보답할 것이다. 이러한 시스템이 작동하기 시작했다면 회사는 이에 비례해 성장과 발전을 할 수 있을 것이다.

실제 성공 사례

한 회사는 내부 상황을 점검해 보니 매년 이직률이 매우 높았고 회사에 대한 직원 만족도가 낮으며 성과 보상 제도가 없어 성취동기가 부족한 것으로 파악되어서 앞에서 소개한 것과 같은 성과 보상 제도를 도입했다. 도입 전년에 영업적자를 보인 회사는 도입한 해에 영업이익을 기록하고 그 이후부터는 영업이익이 지속적으로 크게 증가했다. 다른 여러 가지 정책의 효과도 있었지만, 가장 중요한 것은 성과 보상 제도를 통해 매년 회사의 성과와 직원이 노력한 성과가 직원 개개인에게 인센티브로 지급된 것이 직원들의 성취동기를 고취시키고 회사에 대한 만족도를 높였으며 직원 이직률을 떨어뜨린 데 크게 기여했다고 판단한다. 또한 한 번 인센티브라는 당근의 맛을 본 직원들은 매년 더 큰 보상을 받기 위해 노력할 것이고, 이런 과정에서 직원 본인과 회사는 동반자로서 같이 발전하고 성장할 수 있었다.

또 한 회사에서는 본부장으로 취임 후 전년도 이익을 25% 초과 달성할 경우 초과 이익의 1/3을 인센티브로 지급하되 최대 연봉의 50% 이내에서 지급하는 내용으로 영업 직원을 대상으로 성과급 제도를 도입했다. 그 결과 전년도 이익의 35% 이상을 초과 달성했다. 이때 영업 직원은 본인들이 받은 인센티브는 전 본부 직원이 함께 기획, 개발, 생산, 영업을 해 달성한 것이므로 같이 나눠야 한다는 동료애를 발휘해 전 직원에게 인센티브를 나눠서 지급하게 되었다. 전 직원이 인센티브를 받게 되면서 성취

욕구가 고취되는 동시에 동료애가 고양되어서 조직의 성과를 높일 수 있는 큰 동기가 되었다.

성과에 보상하고 동시에 직원의 마음을 구하라

경영자는 미래를 보는 통찰력을 키워 미래 비전과 목표를 세우고 계획을 수립하고 실행해야 한다. 이때 실제 사업을 실행하는 것은 직원이다. 결국 사업을 잘 실행하기 위해서는 직원이 일을 잘할 수 있는 환경과 성취 욕구를 높일 수 있는 최고의 성과 보상 시스템을 구축해야 한다. 성과 보상 시스템을 구축해 회사는 직원을 회사의 동반자, 파트너로 인정하고 있고 회사의 성공과 직원 개인의 성공이 일치한다는 것을 확실히 인지하게 해야 한다.

한 번 최고의 인센티브를 받은 직원은 그다음 해에도 더 큰 성과를 성취할 것이고, 이러한 성취와 보상의 선순환이 이루어지면 직원과 회사가 함께 성장할 것이다. 하지만 명심할 것이 있다. 금전적인 보상 이전에 사장은 진정으로 직원들을 인정하고, 직원들의 성공과 미래를 위해 노력하고, 어려움을 함께 극복하겠다는 믿음과 도전하는 실행력을 보여줘야 한다. 직원이 인격적으로 금전적으로 회사와 경영자에 감동했을 때, 직원은 탁월한 성과로 회사와 경영자에게 보답할 것이다.

신제품, 신사업은 어떻게 추진해야 할까?

기업의 성장을 어떻게 달성할 것인가?

기업은 현재 급격한 기술, 시장의 변화와 불확실성에 직면하고 있고 제품의 수명은 점점 더 짧아지고 있다. 이러한 상황을 맞이해 새로운 도전 없이 현재의 상황에 그대로 머무른다면 얼마 가지 않아 제품은 정체기와 쇠퇴기를 맞이할 것이고, 회사는 시장을 잃고 커다란 어려움을 겪게 될 것이다. 새로운 제품, 새로운 사업에 대한 도전은 선택이 아니라 필연이다. 단지 성공을 통해 성장할 것인가 아니면 실패를 통해 쇠퇴할 것인가의 문제이다.

많은 기업이 신사업에 도전해서 기업의 성공과 지속적인 성장을 달성했다. 애플은 컴퓨터를 제조하는 하드웨어 회사에서 아이팟, 아이폰, 애플컴퓨터 등 하드웨어를 기반으로 아이튠즈,

애플 앱스토어 플랫폼을 만들고 솔루션과 콘텐츠를 공급하는 회사로 신사업을 추진해 회사의 성공과 지속적인 성장을 이룩했다. 노키아는 휴대폰에서 스마트폰으로의 사업 전환에 늦어 쇠퇴의 길을 한동안 걷다가, 지금은 신사업에 새롭게 도전해서 글로벌 통신인프라 기업으로 변신하는 데 성공해 새로운 성공 스토리를 쓰고 있다.

현대자동차의 경우는 자동차 제조를 근간으로 철강 소재, 자동차 부품 산업, 물류, 소프트웨어, 판매 사업을 어우르는 전후방 수직계열화와 기아자동차를 인수함으로써 얻은 수평계열화를 동시에 추진하는 신사업으로 지속적인 성상을 이루었고, 이제는 전기차, 수소차, 로봇, UAM(Urban Air Mobility) 회사로의 변신을 꾀하고 있다. 삼성전자 또한 가전 회사에서 휴대폰 회사로, 휴대폰 회사에서 스마트폰 회사로 발전했으며, 신사업으로 메모리 사업을 성공, 발전시켜 현재에 이르렀다. 지금은 파운드리 사업과 시스템LSI 사업, 자동차 전장 사업, AI, 로봇 사업으로 신사업을 추진하고 있다.

이상의 사례에서 보듯이 기업은 시장 환경과 자사의 환경에 부합하는 신사업을 추진해 지속적인 성장을 추구한다. 하지만 막대한 재원을 투자하는 신사업이 실패할 경우 회사가 어려운 상황에 처하는 경우를 자주 목격하게 된다. 어떤 회사는 신사업에 지속적으로 성공하고 어떤 회사는 실패로 인해 어려움을 겪는 것일까? 내가 경험한 바로는 신사업을 추진할 때 가장 중요한

122

것은 사람이다. 지식과 지혜를 겸비하고 성공 경험을 갖고 있으며 불굴의 도전 정신으로 추진력이 강한 사람이 있을 때 성공을 보장할 수 있다. 또한 현재 회사의 사업과 관련성이 높고 회사가 강점을 갖고 있는 부분을 지렛대로 활용해 신사업을 추진할 경우가 현재 회사와 아무 관련이 없는 신사업을 추진하는 경우보다 성공 확률을 획기적으로 높일 수 있다. 그 이유는 기존 사업을 하며 갖고 있는 정보, 기술, 인프라, 경험을 활용해 더 정확하게 미래를 예측하고 사업성을 판단할 수 있으며 성공 전략을 수립하고 실행할 수 있기 때문이다. 다음은 내가 신제품 및 신사업을 어떤 절차로 진행했는지에 대한 이야기이다.

신제품 및 신규 사업 진행 방법

기업이 미래 성장을 위해 신사업 또는 신제품을 개발하고 사업화하기로 결정했다면, 다음과 같이 철저한 준비와 기획을 통해 사업을 선정하고 환경 분석을 통해 사업 전략을 수립하고 실행해야 한다.

첫 번째, 사업을 전담할 책임자를 선임해야 한다. 사업의 선택, 계획, 전략 수립 및 실행은 모두 사람이 하는 것이다. 똑같은 사업을 추진해도 추진하는 사람에 따라 계획, 전략, 실행을 하는 방법과 결과가 모두 다르다. 어떤 사람은 큰 성공을, 어떤 사람은 현상 유지를, 어떤 사람은 큰 실패를 가져온다. 사업을 성공으로 이끌 창의적이고 도전 정신이 강한 인재를 발굴하고 활용해야 한다. 나의 경우는 신사업 및 신제품에 대한 개발과 성공 경험이 여러 번 있었고 신사업 추진이야말로 회사의 승패를 결정짓는 중요한 과제라고 판단해서 나 자신이 직접 총괄해 신사업을 추진했다.

두 번째, 신규 사업, 신제품 개발 및 사업화에 투자할 자금 및 인력의 규모를 결정해야 한다. 회사의 자금과 인력의 여유 범위 이내에서 사업을 추진해야 한다. 회사가 감당할 수 있는 규모 이상의 자원을 투자한 후에, 동 사업이 실패할 경우는 회사의 흥망성쇠에 큰 영향을 끼치므로 투자 재원의 규모를 미리 정하고 정한 범위 이내에서 사업을 선정해 추진해야 한다. 나는 회사의 가용 자금 및 추가 차입 가능 규모, 추가 증자 가능성, 재무 현황 및 현금흐름을 분석해서 추가 현금화가 가능한 금액을 추산하고 신제품 개발 및 신사업에 투자할 수 있는 가용 자금의 규모를 설정했다.

세 번째, 기업의 비전과 목표에 부합하는 신사업 및 신제품 대상을 선정해야 한다. 신사업은 계획부터 실행, 성공까지 오랜 시간이 걸리므로 반드시 회사의 목표와 부합해야만 추진력을 갖고 지속적으로 실행할 수 있다. 오랜 시간이 걸리는 신사업은 경험적으로 성공보다 실패 확률이 훨씬 더 높기 때문에 그 대상을 선정할 때 많은 조사와 분석이 선행되어야 할 뿐만 아니라 창조적인 사업 전략을 세우고 실행해서 그 성공 가능성을 높여야 한다.

이때 신사업의 대상을 기존 자사와 사업적 연관성이 있는 사업으로 추진하는 것이 사업적 연관성이 전무한 사업을 신사업으로 추진하는 것보다 성공 확률을 획기적으로 높일 수 있다. 그 이유는 제품과 시장에 대해 잘 알고 있으며, 기존에 회사가 보유하고 있는 역량, 즉 기술, 경험, 설비, 유통채널 정보 및 장악력 등을 통해 사업적인 시너지를 높일 수 있기 때문이다.

나 또한 신제품 개발이나 신사업을 추진할 경우 자사와 관련이 있는 제품, 신사업을 사업의 우선순위로 설정했다. 내가 실행한 성공 사례는 다음과 같다.

첫 번째 사례

기존 제품에 신기술 및 타 산업의 기술을 결합해 신제품을 개발했다. 즉, 기존의 리벳(Rivet)과 요크(Yoke)를 이용한 다층 구조의 일반 와이퍼를 하나의 금속 프레임에 고무 블레이드를 삽입한 플랫 와이퍼로 개발해 겨울철에 닦기 성능을 향상시켰다. 이 신제품은 프레임 구조를 획기적으로 혁신한 것은 물론이고 고무에 화학물질로 발수 코팅을 하는 화학산업 기술이 결합되어 신기능을 갖춘 개발 사례라고 할 만하다.

두 번째 사례

기존의 하드웨어 제품 판매에서 하드웨어에 콘텐츠와 플랫폼을 결합한 '솔루션 서비스'로 사업을 확장했다. 즉, 체성분분석기

하드웨어 판매업에서 체성분분석기에 식이 및 운동 처방 솔루션을 비롯해 혈압계 및 운동 장비를 연결해 플랫폼화하고, 여기에 진단, 처방, 관리 서비스를 결합해 제품화하고 사업을 확장해 타사 장비의 진입을 차단했다.

세 번째 사례

기존에 형단조 제품에서 가공, 열처리, 도장, 조립의 공정을 추가한 완성 부품으로 제품을 확장해 제품의 경쟁력과 부가가치를 확장했다. 또한 기존 자사의 원자재를 공급하는 제강사, 열처리 회사, 가공 회사, 도장 회사 등의 회사들과 협력해 이 회사들의 경쟁력을 활용해서 경쟁사보다 더 낮은 원가로 더 좋은 품질의 제품을 제공할 수 있었다.

네 번째 사례

정형외과 및 수술실에 수술대, 무영등을 공급하고 있던 의료기기 회사에서 동일 고객에게 다수의 신제품을 추가적으로 공급했다. 즉, 동일 고객에게 펜던트, 진단의자, 수술방 소모품 등을 추가적으로 확장 공급해 동일 고객에 대한 판매 및 유통의 시너지를 확보하는 제품 확장 전략을 추진했다.

네 번째, 신사업의 시장 규모 및 성장성은 미래의 매출액과 연관되므로 다른 항목에 우선해 검토해야 한다. 시장 규모가 작거나 성장성이 낮을 경우 기존에 사업을 하고 있는 업체와의 경쟁으로 자사가 확보할 수 있는 시장 규모는 더 작을 것이고 여기에 미래 성장성까지 낮다면 미래의 성장을 담보할 수 없으므로 신규 사업으로는 적절치 않다.

다섯 번째, 고객, 자사, 경쟁사에 대한 분석 및 환경 분석과 산업, 시장, 경쟁, 시장 진입장벽, 대체재, 비교우위 등을 분석해 경쟁사 대비 자사의 기회, 위협, 강점, 및 약점을 분석하고 자사의 사업모델과 전략을 개발해야 한다. 또한 현재와 같이 기술과 시장의 변화가 큰 경우에는 거시환경 분석을 통해 미래의 변화를 예측하고 사업 모델에 반영해야 한다.

거시환경은 정치, 경제, 사회, 및 기술 등을 분석해 변화의 추세를 예측하고 사업 분석에 반영해야 한다. 그리고 사업 모델의 경우는 경쟁사 및 잠재적 경쟁사에 대비해 확실한 비교 우위를 갖고 있거나 비교 우위를 확보할 수 있어야 한다. 이런 비교 우위를 기반으로 차별화 전략을 수립할 수 있는 사업 모델과 전략을 수립하고 실행해야 한다. 즉, 기존에 없는 새로운 기능 및 기술을 추가해 신제품을 개발하든지, 경쟁사보다 더 낮은 원가 경쟁력을 확보하든지, 아니면 더 좋은 품질을 제공할 수 있어 경쟁사보다 더 높은 가치를 고객에게 제공할 수 있어야 하는 것이다. 사업 모델이 완벽할수록 사업을 추진하는 과정에서 시행착오 및 추가적인 자원의 투입을 줄일 수 있고 사업의 성공 가능성을 높일 수 있다.

여섯 번째, 사업 모델과 사업 전략이 수립되었다면, 실행 전략 및 운영 계획을 각 기능별로 수립해야 한다. 이때 기능별로 조달, 생산, 물류, 영업, A/S 및 자금 조달 및 운영, 인력 및 조직, 신규 공장 및 설비 투자에 대한 전략 및 계획을 구체적으로 수립해야 한다.

일곱 번째, 실행 전략 및 운영 계획이 수립되었다면, 사업성 평가를 진행해 사업 진행 여부를 결정해서 사업을 추진해야 한다. 사업을 추진할 때도 본격 생산 이전에 샘플을 생산해 제품에 대한 분석 및 테스트 마케팅을 통해 신제품에 대한 수요예측의 신뢰도를 높이고 고객으로부터 받은 피드백 데이터를 분석해 제품 출시 이전에 제품을 개선해야 한다.

이제 준비가 완료되었다면 불굴의 의지를 가지고 신사업을 추진해 성공으로 이끌어야 한다.

미래의 성장은 신규 사업으로 승부하라

지금 세계 경제는 코로나19, 미중 패권 분쟁, 러시아·우크라이나 전쟁, 물가상승 및 금리인상, 재고증가 및 경기 침체 징후 발생 등으로 한 치 앞을 예측할 수 없는 불확실한 상황에 직면했고 기업은 매출액 감소, 재고증가 및 수익성 악화가 심화되는 상황을 겪고 또한 세계적인 불황 가능성 증대로 많은 기업은 사업 축소 및 구조조정 작업을 진행할 것으로 예상된다.

하지만 기술과 시장의 변화가 빠르고 ICT 혁명 및 AI 혁명으로 인해 시장 변화에 맞춘 새로운 제품과 새로운 사업이 빠르게 탄생하고 있는 상황에서 여기에 대한 대응 없이 사업을 축소하고 현재 제품에만 집중할 경우 회사는 얼마 가지 않아 시장을 잃고 커다란 어려움을 겪게 될 것이다.

　새로운 사업에 대한 도전은 선택이 아니라 필연이다. 단지 신사업 성공을 통해 성장할 것인지 아니면 실패로 쇠퇴할 것인가의 문제이다. 미래를 예측하는 통찰력을 기르고 철저한 준비와 기획으로 신제품을 개발하고 신사업을 추진해 회사의 존립과 성장을 이루어내야 한다. 준비된 신사업, 성공이 예정된 신사업을 추진해 기업의 지속적인 성장을 달성하자.

4장

시스템
경영을 위한
전략 통찰

BUSINESS
TURNAROUND

전 직원이 문제점을 발견해
개선하는 시스템을 만들자

수익성 악화는 비효율적 시스템의 결과이다

경영 상태가 어려운 회사에 부임해 회사를 진단하면 공통적으로 보이는 현상이 있다. 회사는 위기 상황에 놓여 있는데 직원들은 이러한 심각성을 인식하는 정도가 매우 낮다는 것이다. 또한 회사의 경영진에게 미래에 대한 명확한 비전이 없기 때문에 회사가 옳은 방향으로 가고 있는지, 아니면 더 어려운 방향으로 가고 있는지에 대해 인식이 명확하지 않다. 이러한 어려움은 회사의 비효율적인 시스템 때문에 생긴 것으로 경쟁력 상실, 생산성 저하, 수익성 악화로 나타난다.

회사는 자사가 처한 위험한 상황을 회피하지 말고 전 직원에게 드러내 알려야 한다. 회사가 생존하고 직원들의 일자리를 지키기 위해서는 매출액 급감, 이익 정체 및 감소, 시장점유율 축소, 경쟁사 대비 경쟁력 약화 등 회사의 위험한 상황을 알리는 구체적 지표들을 조직원과 공유하고, 잘못된 비전 및 전략을 바로잡고 시스템을 급격히 변화시켜야 한다는 것을 명확하게 인식시켜야 한다. 이와 동시에 새로운 미래 비전을 제시해 장기적으로 회사가 경쟁력을 회복하고 발전할 수 있다는 믿음을 같이 제시해야 한다. 그리고 현재 회사가 어려움에 직면해 있다면, 회사가 비효율적인 시스템으로 장기간 운영되었기 때문에 발생한 문제이므로 효율적인 시스템으로 혁신해 경쟁력을 제고해야 한다.

그렇다면 효율적인 시스템을 어떻게 구축해야 하는지 알아보자. 시스템 구축은 조직 단위의 시스템과 개인별 시스템으로 나눠서 구축해야 한다. 조직 단위의 시스템은 부서별로 주요 업무의 프로세스를 정의하고 표준화하는 것이다. 예를 들면 사업 계획 수립 및 성과관리 시스템, 인사관리 제도, 생산·품질관리 시스템, 신사업 추진, 신제품 개발 시스템, 고객관리 및 A/S 시스템, 재고관리 시스템 등을 부서 단위로 구축해야 한다.

개인별 시스템을 개선하라

개인별 시스템의 경우에는 전 직원이 각자 현장에서 담당하고 있는 업무의 프로세스를 정의하고 표준화해야 한다. 전 직원의 현장 시스템이 효율적으로 구축된다면 결과적으로 전사의 시스템은 효율적으로 바뀔 것이고 회사의 생산성과 수익성이 향상될 것이다.

직원은 자신이 근무하는 현장에서 가치를 창출하기 위해 각자 업무를 수행한다. 하지만 오랜 기간 타성에 젖어 일을 하다 보면, 시스템을 개선하거나 효율적으로 구축할 생각을 하지 않고 업무를 하게 되고 그 결과 개인의 생산성이 저하된다. 이러한 개인의 생산성 저하가 모여 기업의 경쟁력을 약화시키는 것이다. 그럼 현장을 담당하는 전 직원의 시스템을 어떻게 개선하고 효율적으로 구축해 기업의 생산성을 제고할 수 있을까? 나는 다음의 5가지 방안을 제안한다.

첫 번째, 회사의 위기 상황을 정확하게 전달하고 인식시켜라

직원들이 회사가 망할 수 있다는 절체절명의 위기의식을 자각할 때, 기존에 수동적이고 타성에 젖어 근무하는 모습을 탈피하고 용기를 내서 문제점을 개선하기 위해 행동할 수 있다. 전 직원이 위기 탈출을 위해 새로운 시스템을 구축하는 데 주도적으로 참여해 회사를 혁신시키고 발전시키게 해야 한다.

두 번째, 회사의 장기 비전, 목표, 달성 계획을 제시하라

직원들이 회사의 새로운 목표를 달성함으로써 회사를 회생시키고 발전시킬 수 있다는 확신을 갖게 해야 한다. 이러한 확신과 경영진에 대한 믿음이 있어야만 전 직원은 변화에 도전하고 회사의 회생이 가능해진다.

세 번째, 개인별 시스템을 분석하고 개선한다

직원은 각자의 현장에서 업무 프로세스를 작성하고 현장의 문제점을 분석해야 한다. 여기에서 현장은 전 직원이 현재 하고 있는 업무 현장을 의미한다. 그것은 연구소의 신제품 개발 프로세스일 수도 있고, 영업 직원의 기존 고객 유지 및 매출액 증대 프로세스일 수도 있다. 구매부에서는 구매 프로세스를 개선해서 평균 구매단가를 인하하거나 재고자산 회전기일을 단축할 수도 있다. 생산부 직원은 본인 업무의 생산성, 즉 시간당 생산량을 개선할 수 있다. 전 직원이 현재 진행 중인 업무 프로세스에서 문제점을 파악하고 그중 가장 중요한 문제점을 중심으로 개선해 본인의 업무 시스템을 개선하는 것이 궁극적으로 전사의 업무 프로세스를 개선하고 전사의 생산성을 제고하는 것이다.

문제점, 특히 가장 중요한 문제점을 파악했다면, 문제점을 해결하기 위한 해결 전략을 수립하고 기획한다. 단계별, 기간별로 실행 아이템과 주요 달성 지표를 수립한다. 최종 목표 달성 시점까지 오랜 시간이 소요된다면 중간에 단기적인 목표 달성 지표를 설정해야 한다. 단기적인 목표 달성 지표가 없다면 변화가 성공하고 있는지 불분명하게 되고, 개선 노력은 그 동기를 잃게 된다. 또한 업무를 개선하고 있는 직원의 상사는 직원의 시스템이 잘 개선되고 있는지 매주 정기적으로 점검하고, 코칭을 통해 성공적으로 개선이 완료될 수 있도록 지원해야 한다.

네 번째, 지속적인 시스템 개선 프로세스를 제도화하라

시스템 개선을 완료했다면 실행, 평가를 통해 시스템이 성공적으로 구축되었거나 개선되었는지 확인해야 한다. 성공했다면 이를 업무 시스템으로 구축, 정착시켜야 한다. 업무 시스템을 개선해 시스템화했다면, 이는 완성이 아니라 이제 시스템 변화의 출발선에 위치한 것이다. 개선된 시스템에 있는 남아 있는 문제점을 지속적으로 발굴하고 개선해서 더 좋은 시스템을 구축하고 도입해야 한다. 끊임없이 시스템을 개선해야 회사의 경쟁력을 제고하고 기업의 지속적인 성장을 보장할 수 있다. 살아 있는 생물이 끊임없이 성장하고 변화해 생존하는 것과 같이 기업도 내외부 환경의 변화에 따라 지속적으로 대응하고 변화해야 한다.

다섯 번째, 칭찬하고 보상하라

매월 시스템 개선에 성공한 사례들을 모아 평가하고 그중에서 우수한 성공 사례에 대해 포상한다. 전 직원이 모두 성공할 수 있다는 확신을 심어주고 성공에 대한 보상과 칭찬을 통해 자부심을 갖게 하면서 문제점을 지속적으로 개선할 수 있게 하는 더 강력한 동력을 만들어야 한다. 직원들이 스스로 업무의 문제점을 이야기하고 개선 아이디어를 도출하고 혁신하게 해야 한다.

시스템 혁신으로 기업을 회생시키고 지속적으로 발전하자

진정한 변화의 시작은 자사가 처한 리스크를 공유하고 새로운 미래 비전을 만드는 데서 시작한다. 그리고 새로운 비전과 목표를 직원들의 꿈과 희망으로 만들어 변화에 도전하게 해야 한다.

이 과정은 직원들이 주인의식을 갖고 새로운 변화에 주도적으로 도전하는 주체가 되면서 시작된다. 직원 한 사람 한 사람이 회사의 주인이며, 변화와 혁신의 주체가 되어 시스템을 혁신해야 한다. 직원의 시스템 개선과 혁신 성공 사례가 하나둘 쌓이면서 회사는 시스템 경쟁력을 회복하고, 생산성과 수익성을 향상시켜 회사가 처해 있는 어려움을 극복하는 것이다. 그 결과로 직원들은 안정적인 직장과 가족들의 생계를 보장받게 되는 것이다. 결론적으로 직원 한 사람, 한 사람을 변화의 주인으로 만들어 시스템을 혁신하는 것이 기업 성공의 진정한 해법이다.

경쟁 제품을 무력화시키는
시스템을 구축하자

게임의 룰 바꾸기

경쟁사와의 경쟁에서 이기기 위해는 고객에게 더 좋은 부가가치를 제공해 인정받아야 한다. 제품으로만 경쟁하는 경우는 정말 오랜 시간 노력을 기울여야만 고객을 확보할 수 있다. 경쟁사보다 차별화된 기술로 더 좋은 제품을 더 빨리, 더 싸게, 더 좋게 만들어서 경쟁 우위를 만들어야 하고, 한 번의 승리로 경쟁이 끝나지 않고 지속적으로 기술 개발과 혁신으로 신제품을 출시해 경쟁력을 유지해야 한다. 하지만 게임의 룰을 바꿔서 경쟁 제품에 대한 진입장벽을 구축하고 경쟁 제품을 무력화시킬 수 있다면, 장기적으로 시장을 장악하고 수익과 이익을 창출할 수 있다.

2000년대 초반 여러 글로벌 IT 기업들은 자사의 장비를 정보의 축으로 해 타 장비들을 연결하고 컨트롤해 고객에게 정보를 제공하고 고객의 편리성을 높일 수 있는 플랫폼, 네트워크 전략에 대한 연구를 진행했다. HP는 홈타운 프로젝트(Hometown Project)를 통해 진행했고, 마이크로소프트(MS), 인텔(Intel), 삼성전자 또한 유사한 연구를 진행했다. 삼성전자의 경우 적용 장소를 구분해 3대 네트워크 전략을 검토했다.

삼성전자의 3대 네트워크 전략은 홈 네트워크(Home Network), 오피스 네트워크(Office Network), 모바일 네트워크(Mobile Network) 전략을 말한다. 첫째, 홈 네트워크 전략은 텔레비전을 정보의 축으로 해 가전제품들을 연결하고 통신, 보안, 편리성을 제공한다. 둘째, 오피스 네트워크 전략은 컴퓨터를 사무실 정보의 축으로 해서 정보, 보안, 편리성을 제공한다. 셋째, 모바일 네트워크 전략은 모바일 폰을 정보의 축으로 해서 언제 어디서나 모든 정보 기기를 연결해 편리성을 높일 수 있는 서비스를 제공한다. 삼성전자는 이런 전략 아래 이 분야를 집중 연구했다.

이런 여러 회사의 노력에도 불구하고, 우리 모두가 알고 있듯이 이러한 전략의 최대 수혜 기업은 아이폰을 정보의 축으로 하고 아이패드, 애플컴퓨터, 애플TV를 연결하고 플랫폼을 구축해 다양한 애플리케이션과 콘텐츠를 결합해 서비스를 제공하는 애플이 되었다. 이러한 솔루션은 처음에는 막대한 개발비와 노력이 들어가지만 솔루션이 구축된 이후에는 솔루션의 수정 비용이나 유지비가 크게 들어가지 않는다. 즉, 한번 개발과 시장 도입에 성공하면 고객과 네트워크가 확장되면서 더 큰 수익을 확보할 수 있고 타 회사의 기기는 애플의 플랫폼 영역에 들어올 수 없으니 완벽한 진입장벽을 구축하고 자사만이 향유할 수 있는 시장을 확보해 경쟁사의 제품을 무력화시킨 것이다.

나 또한 2000년대 중반 체성분분석기를 정보의 축으로 해 타 기기들을 연결해 플랫폼을 구축하고 진단, 처방, 관리를 통합한 솔루션을 얹어 시스템화했다. 그럼 어떻게 전쟁의 장소를 진단기기에서 시스템으로 변경해 경쟁 제품을 무력화시켰는지 소개하려고 한다.

진단기기에 솔루션과 콘텐츠를 얹어 시스템화하다

나는 우선적으로 비즈니스 모델에 대한 계획과 그 타당성을 검토했다.

첫째, 체성분분석기를 이용하는 고객이 누구인지 다시 검토하기로 했다. 둘째, 고객이 진정으로 원하는 자사 장비에 대한 니즈가 무엇인지 분석했다. 셋째, 현재 자사의 장비가 고객에게 제공하는 부가가치는 무엇이며 고객이 만족하지 못하는 미충족 니즈는 무엇인지 분석했다. 넷째, 파악된 미충족 니즈를 보완할 수 있는 시스템을 구축할 수 있는지 검토했고, 마지막으로 이를 시스템으로 구축해 서비스를 제공했다.

구체적으로 비즈니스 모델에 대한 계획과 타당성을 어떻게 검토했는지 그 진행 과정을 살펴보자.

첫 번째, 체성분분석기를 이용하는 고객은 누구인가? 체성분분석기를 이용하는 고객은 의사, 한의사, 헬스트레이너로 모두 고객의 건강, 특히 비만을 관리하는 전문가 집단이었다. 의사와 한의사는 체성분분석가로 환자의 체지방량과 근육량을 측정해 개인 건강관리에 활용했다. 헬스트레이너 역시 체성분분석을 통해 지방과 근육량을 분석하고 운동 효과를 측정하는 데 활용했다.

두 번째, 고객이 진정으로 원하는 자사 장비에 대한 니즈는 무엇인가? 의사, 한의사, 헬스트레이너 모두 최초 측정으로 고객의 상태를 파악하고 그 자료를 근거로 식이 및 운동 처방을 제공하고, 일정 시점 이후 재측정해서 효과를 분석하고 재처방을 하는 근거로 활용했다.

세 번째, 현재 자사의 장비가 고객에게 제공하는 부가가치는 무엇이며 고객이 만족하지 못하는 미충족 니즈는 무엇인가? 체성분분석기로 측정한 체성분 값을 근거로 해 식이 및 운동 처방을 하고 그 효과를 측정할 수 있어서 의사와 헬스트레이너의 처방과 운동 지도가 효과가 있었는지 판단할 수 있어 큰 가치를 제공하고 있다고 판단되었다. 하지만 체성분분석기 하나로 건강 상태를 측정하는 것은 종합적인 진단과 처방을 해야 하는 전문가 집단에게는 매우 부족하고 한정적인 정보를 제공하는 것이었다. 또한 헬스트레이너의 경우에는 고객에게 운동 처방을 하고 운동 과정의 효과를 계속 점검해야 하지만, 다수의 고객을 상대해야 하기 때문에 본인이 처방한 대로 고객이 운동을 성실히 수행했는지를 알 수 없어서 제대로 처방한 것인지도 명확하게 판단할 수 없었다.

네 번째, 파악된 미충족 니즈를 보완할 수 있는 시스템을 구축할 수 있는지 검토했다. 우선 체성분분석기와 함께 개인의 건강 정보를 제공할 수 있는 유효한 기기가 있는지 검토했다. 의료기기는 의료진 또는 소비자가 직접 측정해야 하고 의료진 이외의 사람은 사용할 수 없으므로 자동진단기기만이 대상이 되었고 자동혈압계로 운동 전후의 고객의 상태를 진단할 수 있어 연계가 가능하다고 판단했다. 또한 운동 장비에 위치, 무게 센서 등을 부착해 실제 고객의 운동량을 측정할 수 있고 이 정보들을 개인별로 데이터로 저장해서 분석에 활용할 수 있다고 판단했다.

다섯 번째, 시스템을 구축하고 사업에 적용했다. 검토 결과를 근거로 월드짐코리아 및 보건소에 진단장비인 체성분분석기, 자동혈압계를 연동해 진단, 식이 및 운동 처방을 제공하고, 운동 장비에 센서와 정보를 전송하는 통신 모듈을 부착해 운동 결과를 서버에 취합하고 개인별 진단, 처방, 운동 결과 데이터를 보관하고 관리하는 시스템을 구축했으며, 기본 식이 및 운동 콘텐츠를 제공하고 전문가의 판단하에 개별 고객에 맞춰 수정해 처방을 하도록 했다.

이 비즈니스 모델은, 전문가의 서비스 영역을 침해하지 않고 서비스를 제공하는 전문가의 서비스 확장 및 편의 제공에 비즈니스 초점을 맞추어 개발한 것이다. 결과적으로 체성분분석기라는 제품의 경쟁에서 벗어나, 진단, 처방, 관리 및 타 진단기기, 운동기기와의 네트워크를 통한 통합 관리 시스템을 공급하는 시스템의 경쟁으로 경쟁의 틀을 바꾸었다. 이렇게 구축된 진입장벽은 장기적으로 자사에 시장의 방어를 넘어 확장을 가능하게 하였으며 경쟁 제품을 무력화시켰다.

시장의 진입장벽을 구축해 장기적인 수익을 확보하라

자사의 제품에 콘텐츠와 솔루션을 얹어 시스템화할 수 있는가? 자사의 제품을 중심축으로 타사 장비를 연계해서 정보를 취득하고 편의를 제공할 수 있는가? 있다면 시스템 위에 자사 제품과 고객의 필요사항을 해결하는 부가서비스를 얹어라.

고객이 자사 시스템을 채택하고 만족한다면 사용자 네트워크와 타사 기기의 연계 네트워크는 점점 더 강화될 것이다. 물론 자사 제품의 판매도 동시에 같이 증가할 것이다. 또한 최초 시스템 개발과 구축을 위한 투자비로 상당한 현금을 지출해야 하지만, 한번 구축되면 그 이후에는 추가적인 수정과 개발비 지출이 적은 반면 매출과 이익은 네트워크가 확장되면서 더 증가할 것이다. 그 결과 자사의 이익과 수익률은 더욱 높아질 것이고 경쟁 제품은 자사의 시스템과 네트워크를 활용할 수 없으므로 시장 진입이 어려워지고 무력화될 것이다.

144

여기에서 명심할 것은 경쟁사보다 먼저 시스템을 구축해 시장을 선점해야 한다는 것이다. 시장의 기회를 먼저 파악해 경쟁사보다 먼저 시스템을 구축하고 고객과 타사 기기를 네트워크로 연결해 시장의 진입장벽을 구축하는 것이 장기적으로 고객과 시장을 선점하는 길이다.

재고를 감축하는 시스템을 구축하자

왜 많은 회사가 재고자산 축소에 몰두하는가?

토요타는 재고자산이 회사의 사활에 얼마나 중요한 요인이 되는지 보여주는 대표적인 사례이다.

토요타는 1950년 도산위기에 몰려 총 직원 8,140명 중 26%인 2,146명이 퇴직하였으며 남은 직원들은 10%의 임금을 삭감하는 것으로 구조조정을 단행하는 어려움을 겪었다. 그런데 며칠 후 한국전쟁이 발발했고 미군에 군용트럭을 납품하게 되는 외부 요인과 적시(JIT, Just in Time) 생산 방식을 내부적으로 적용해 토요타 생산 방식(TPS, Toyota Production System)으로 발전시킨 특유의 시스템으로 1960년대 카롤로를, 1970년대엔 셀리카와 카리나를 각각 내놓으면서 일본 최고의 자동차 회사가 되었고 1975년에는 미국 시장에 27만 8천대를 팔아 폭

스바겐을 앞지르고 미국내 수입차 판매 1위에 오를 수 있었다. 또한 2000년대 들어서는 GM, 포드와 더불어 세계 3대 자동차 메이커로 확실하게 자리잡았다.

- 방경일 글, 김장열 그림, 《만화로 보는 알기 쉬운 도요타 생산 방식의 비밀》, 한국표준협회컨설팅, 2004

이 책에 소개된 것처럼, 토요타는 전쟁 특수로 인한 수요에 발빠르게 적시 생산방식을 적용함으로써 회사가 위기에서 벗어나 급성장하게 되는 발판을 마련할 수 있게 되었다.

그럼 토요타를 세계 최고의 자동차 회사로 만든 'JIT 생산방식'은 무엇인가? JIT 생산방식은 컨베이어 시스템에서 발생하는 재고 및 불량의 낭비 요소를 포함한 7가지 낭비 요소를 제거하기 위한 방식으로, 토요타는 영업점에서 팔린 제품만큼만 생산해 회사 내 재고를 최소화하고, 적시 생산방식이 가능하게 하기 위해 생산성을 향상시키고 생산리드타임을 단축시켰다. 이 방식은 결과적으로 생산원가를 낮췄고, 이러한 과정에서 품질을 지속적으로 개선할 수 있었다. 이러한 생산성 극대화는 기업의 수익과 현금흐름을 개선하는 효과를 가져왔다.

나 또한 재고자산을 최소로 유지하는 생산방식을 적용해 재고자산 및 불량률을 획기적으로 감소시키고 원가 및 품질 경쟁력을 강화시켜 사업을 성공적으로 이끈 다수의 경험이 있다. 그 중에서 생산방식을 변경한 개선 사례를 소개하려고 한다.

흐름생산방식을 셀생산방식으로 전환하다

제조 회사의 경우 공장의 생산 현장과 자재 창고를 살펴보면 회사의 관리 수준을 파악할 수 있다. 2010년대 의료기기 회사의 본부장으로 부임해 공장 현장을 점검하던 중 자재 창고를 보고 너무도 놀랐다. 조립 공장은 1개인데 자재 창고는 2개였고, 자재 창고에는 재고품이 산처럼 쌓여 있었고 불량 재고는 커다란 비닐로 포장되어 마당에 쌓여 있었다.

원인을 분석하니 자사는 창립 후 수십 년이 흘러 수십 종의 의료기기를 제조 판매하고 있었는데, 흐름생산방식을 채택해 한번에 한 가지 제품을 다량으로 생산해 보관해 판매하다 보니 많은 재고를 보유할 수밖에 없었고 신제품이 출시되거나 제품이 변경될 경우 불량 재고가 누적되는 상황이었다.

나는 이런 상황을 타개하기 위해 흐름 생산 라인를 철거하고 셀(Cell)생산방식을 도입하는 것이 타당하다고 판단하고 다음과 같은 조치를 시행했다.

첫 번째, 제품별 생산 공정을 파악해 셀 방식의 생산이 가능한지를 분석했다. 자사가 생산하는 제품은 대부분 부품을 조립해 완성 제품을 만드는 방식으로 셀생산방식에 유리하고 일부 제품의 경우 조립 부품이 많은 제품도 반제품으로 구분해 별도의 셀 생산을 통해 조립할 수 있으므로 문제가 없다고 판단했다. 또한 판매 수량이 제품별로 소량이어서 주문 즉시 생산으로 대응할 수 있다고 판단했다.

148

두 번째, 공장장에게 기존의 생산 라인을 철거하고 셀생산방식으로 바꾸자고 제의했다. 하지만 공장장은 직원들이 생산방식을 변경하는 과정에 구조조정을 우려할 염려가 있고 업무의 강도가 높아지고 생산자가 책임을 더 느낄 수 있으므로 어렵다는 의견을 제시했고 다른 관리자들도 유사한 의견을 제시했다.

나는 아무리 좋은 시스템을 도입해도 실제 업무를 수행하는 것은 직원들이므로 직원들을 설득하는 것을 업무의 출발점으로 봤다. 1차로 공장장과 관리자를 설득했고 2차로 공장의 전 직원을 모아서 현재 공장의 문제점을 알렸다. 특히 낮은 생산성, 과다 재고 및 품질 불량의 문제가 생산방식의 문제로 판단되므로 셀생산방식으로 개선하자고 설득했고 결국 직원들의 동의를 구할 수 있었다.

세 번째, 제품별로 1명에서 수 명의 직원이 셀을 구성해 조립하는 작업도를 만들고, 반제품을 생산해야 하는 경우에는 별도의 셀 라인으로 구성해 생산하도록 하고 품질 합격 시 완제품 조립에 투입하도록 했다. 또한 생산성 향상을 위해 부품과 공구를 표준화하고 보관 위치를 일정하게 했고, 높이가 조절되는 자동선반 및 조립 지그들을 제공했고, 이를 지속적으로 개선하도록 했다.

네 번째, 부품은 1개월 분 이내로 보관하고 매일 셀마다 필요 부품을 선반에 담아 1일 작업량만큼 공정에 투입했다.

다섯 번째, 제품 생산자와 품질 검사원의 이름을 생산 제품에 명기해 직원이 자부심과 책임감을 갖고 생산하도록 했다. 그 결과 직원들의 성취감이 크게 높아졌고 시간이 지나면서 생산성도 최초 도입 시점보다 1.3배 이상 향상되었다.

결과는 매우 성공적이었다. 다품종소량생산의 경우 셀생산 방식을 통한 개별 생산이 분업 생산보다 생산성이 훨씬 높았다. 즉, 흐름생산방식에서 발생하는 제품 교체 시간, 즉 제품 교체를 위한 준비 및 교체 시간이 없어지고 바로 셀 생산을 진행하면서 생산리드타임이 단축되면서 숙련도가 높아지고 생산성이 크게 향상되었다.

셀생산방식 도입 1년 후 재고자산 회전기일이 불량 재고를 제외할 경우 80일에서 30일로 단축되었고 불량률도 놀라보게 감소했다. 셀생산방식을 통해 영업부와 지방 대리점에서 받은 주문을 즉시 생산해 주 2회 배송하는 물류 시스템을 도입해 완성품의 재고를 없애도록 했다. 즉, 대부분의 제품이 수주에서 납품까지 걸리는 리드타임이 7일 이내로 단축되었다.

또한 신제품 개발 시 기존 보관 제품이 최소 수량으로 유지되고 있어서 개발 즉시 판매와 출고가 가능해졌다. 또한 생산성 향상과 구매원가 절감으로 제조원가의 15%를 절감했고, 그 절감액을 바탕으로 판매단가를 5% 할인해서 판매량을 늘렸다. 그 결과 매출액과 이익이 25% 이상 높아졌다.

자사에 맞는 생산 시스템이 생산성을 극대화한다

회사별로 생산하는 제품과 수량이 다르기 때문에 생산 시스템 또한 제품의 특성에 따라 구축해야 한다. 토요타가 JIT 생산방식을 도입해 재고자산을 축소하고 생산에서 발생하는 많은 낭비 요인을 제거해 생산성을 극대화한 것과 마찬가지로, 자사의 실정에 맞는 생산 시스템을 구축하되 재고자산을 최소화하고 생산성을 극대화할 수 있는 생산방식을 구축해야 한다. 그렇게 해야 경쟁사 대비 높은 원가 경쟁력을 확보할 수 있고 재고자산을 축소하는 동시에 품질을 개선해서 현금흐름 및 순이익을 증대시킬 수 있다. 이러한 경쟁력은 외부 환경 요인으로 수요가 감소할 때 보유 재고가 적기 때문에 즉각적으로 대응할 수 있어서 경쟁사보다 쉽게 어려움을 극복할 수 있다.

하루라도 빨리 고객의 수요에 즉각적으로 대응할 수 있고 철저하게 재고를 감축하는 시스템을 구축해서 생산성 향상 및 불량률 감소를 이뤄내는 동시에 신제품의 출시 시점을 앞당길 수 있게 하자. 이러한 시스템을 지속적으로 발전시키는 것이 경쟁 시대에 회사를 지속적으로 성장시키는 해법이다.

철저하게 자동화 시스템을 구축해 생산성을 높이자

제조업의 기본은 생산성 향상이다

내가 과거 20여 년간 제조업 현장에서 깨달은 것은 생산성 향상이 제조업의 기본이라는 것이다. 생산성 향상, 이를 통한 제조원가 절감과 품질 향상으로 제조업체는 경쟁사 대비 원가 경쟁력을 확보하고 매출과 이익을 창조한다.

과거 1차, 2차, 3차 산업혁명을 거치면서 기업은 전기, 자동화 설비, 컴퓨터를 도입해 생산량을 비약적으로 증가시켰다. 또한 인간의 육체노동에 의지한 생산 시스템이 지속적으로 컨베이어 시스템, 자동화 시스템으로 전환되었고 사무 업무도 컴퓨터의 도입으로 급속히 혁신되었다. 그 결과 생산성은 계속 향상되었고, 현재는 제4차 산업혁명인 ICT 혁명을 맞이해 디지털 대전환(DX, Digital Transformation) 시스템을 활용한 스마트 팩토리로 발전하고 있다.

지멘스(Siemens) 그룹의 세드릭 나이케(Cedrik Neike) 부회장은 2022년 9월 25일 〈한국경제신문〉과의 인터뷰에서 "디지털 트윈으로 제조 혁신하는 기업만 생존할 것"이라고 주장하면서 다음과 같이 말했다. "4차 산업혁명이 한꺼번에 물밀듯이 밀려오고 있습니다. 디지털화에 성공한 기업만이 빠르게 변화하는 시장에 적응해 생존할 수 있습니다."

나이케 부회장은 또한 "글로벌 시장에서는 비용 절감뿐 아니라 효율성 향상, 혁신 주기 단축, 고품질 제품에 대한 요구를 모두 맞춘 기업만이 살아남을 수 있다. 디지털 트윈은 가상세계 시뮬레이션을 통해 실제 현실을 분석·예측할 수 있는 기술이다. 지멘스는 제조 현장에 디지털 트윈을 폭넓게 적용하고 있다"라고 강조하면서, 제품 설계와 제조 과정에서 발생하는 데이터를 밀착 결합해 과거에는 활용되지 못했던 운영 기술(OT) 데이터에 정보기술(IT)를 대표하는 SW 분석이 뒷받침된다면 기업에 엄청난 효율 향상을 가져올 수 있다고 말했다.

나이케 부회장의 주장처럼 이제 낮은 인건비에 의존해 생산성을 높이는 전략은 통하지 않는다. 생산설비 자동화, 로봇, 스마트 공장을 도입해 가장 효율이 좋은 제조 공정을 세계 어디에서든 고객이 있는 장소라면 실현할 수 있는 시대를 맞이했다.

나 또한 제조업 현장에서 자동화 시스템, 로봇의 활용, 데이터를 활용한 생산 및 관리 시스템을 개선하기 위해 노력해왔다. 그러면 내가 실제 산업 현장에서 적용한 사례를 설명하려고 한다.

자동화 시스템 현장 구축 사례

제조업의 근간으로 불리는 단조업은 대표적인 3D 업종으로 어렵고 더럽고 위험한 일로 알려져 있다. 나는 형단조 업체의 CEO로 취임한 후 다음과 같은 프로세스로 생산 현장의 자동화 시스템 구축을 추진했다.

첫 번째, 개발 및 생산 공정의 흐름도를 작성하고 공정별로 업무처리 방법, 작업자별 작업 시간, 작업 절차, 문제점 등을 분석했다. 개발 공정은 '금형 설계 → 금형 제작 및 시제품 단조 → 제품 테스트 → 금형 수정 또는 재제작 → 제품 테스트'의 과정으로 이루어진다. 생산 공정은 '소재 절단 → 가열 → 단조 → 프레싱 → 열처리 → 표면처리 → 가공 → 검사 → 재고관리 → 출고'의 과정으로 이루어진다.

두 번째, 생산 설비, 재료, 공정 재공품, 완제품, 물류 등의 상황을 문서나 바코드를 이용해 정보를 수집하고 관리했다.

세 번째, 공정별로 설비에 센서를 부착해 제조 현황, 품질 상태를 확인하고 관련 데이터를 네트워크를 활용해 서버에 취합해 관리했다. 이를 위해 온도, 위치, 압력, 무게, 속도, 이미지 등의 센서를 활용해 물리적인 데이터를 전기적 데이터로 측정했다. LNG가스를 이용한 가열로는 전기로로 전환해서 온도의 자동 관리 및 원격 모니터링이 가능하게 했고, 연료비를 대폭 절감했다. 이렇게 하는 이유는 공정 간 연속 작업이 어려워서 중단되는 공정이 있는지, 병목구간이 있는지 확인해야 하기 때문이다. 만일 한 공정이 중단된다면 전체 공정의 가동이 중단되고 생산성이 저하되면서 많은 재공품 재고가 발생하게 된다. 따라서 이런 일이 일어나기 전에 문제가 될 수 있는 원인을 면밀히 분석해 개선할 필요가 있다.

네 번째, 전송된 데이터를 실시간으로 관리해 설비 및 생산 제품의 상태를 원격으로 파악하고 관리했다. 생산하고 있는 제품이 양품인지 아니면 불량품인지 알기 위해서는 실시간으로 모니터링을 할 수 있어야 하고, 이상 발생 시 설비의 가동을 중단해야 한다. 또한 취득한 자료를 분석해 품질 개선과 설비 보전에 활용해야 한다. 전송 데이터를 실시간 관리하고 설비 및 생산 제품의 상태를 원격으로 파악하고 관리하면, 설비 및 생산 제품의 상태를 실시간 파악할 수 있게 되고 취득한 자료를 분석해 품질 개선과 설비 보전에 활용할 수 있게 된다.

이렇게 데이터가 쌓이면 쌓일수록 품질 불량의 원인을 더 잘 파악할 수 있고, 설비의 고장 시점을 더 정확하게 예측할 수 있다. 또한 개발 과정에서 축적된 데이터를 활용해 금형 설계 및 단조 결과에 대한 시뮬레이션 프로그램을 개발해 개발 시간과 비용을 획기적으로 단축하고 절감하게 되었다. 즉, 데이터 분석 자료를 개발·공정 설계, 품질 분석, 설비 보전에 활용해 생산성을 향상시킬 수 있었다.

다섯 번째, 공정관리를 강화했다. 각각의 공정은 다음 공정으로 이동하기 전에 센서나 검사원의 검사로 양품과 불량품을 판정하게 해서 양품의 재공품만이 다음 공정으로 투입되도록 노력했다. 센서로 전수 검사가 이루어져야 하지만, 소재가 가열된 상태로는 자동 측정이 어려워 검사원이 수동으로 검사해야 할 공정이 많아 지속적인 개선이 필요하다. 하지만 가까운 미래에 센서의 발전과 로봇의 활용으로 센서에 의한 자동 검사로 대체될 것으로 판단된다.

여섯 번째, 사람이 수작업으로 하는 공정을 자동화 설비 구축 및 로봇 도입을 통해 원가를 줄이고 불량률을 감소시킬 수 있는지 검토했다. 도입이 필요하다고 판단될 경우에는 투자 타당성을 검토해서 수작업을 자동화 설비 및 로봇으로 대체했다. 가스로를 전기로로 대체해 자동화 시스템을 구축했고 로봇으로 재공품을 이동시켜서 작업자의 업무를 감소시키고 생산성을 향상시켰다.

일곱 번째, 많은 제조업체는 MES(Manufacturing Execution System, 제조 실행 시스템), ERP(Enterprise Resource Planning, 전사적자원관리), SCM(Supply Chain Management, 공급망관리) 프로그램이 각각 따로 운용되는 경우가 많다. 하지만 자동화 시스템을 구축해 전 생산 과정을 관리하는 시스템을 개발하고 자재, 생산, 품질, 설비, 개발, 공정 관련 데이터를 취득할 수 있다면, 프로그램 통합으로 전 부서의 수평적인 생산관리 시스템을 구축하고, 생산 현장과 경영자를 수직적으로 연결하는 경영관리 정보시스템으로 발전시켜야 한다.

이상의 자동화 시스템 구축은 개발, 생산, 자재관리를 포함한 제조공장 전반의 생산성을 좌우하므로, 끊임없는 분석을 통해 자동화 시스템을 구축하고 개선이 가능한 시스템을 활용해 최고의 생산성, 최고의 품질, 최저의 원가를 달성하도록 노력해야 한다.

스마트 공장으로 발전하자

설비 자동화, 센서, 네트워크 기술, 데이터센터 및 높은 컴퓨터 활용도로 인해 데이터를 기반으로 설비 및 공정의 상태를 진단해 예측하고 실시간으로 최적화할 수 있는 스마트 공장이 도입되기 시작했다. 독일의 지멘스, 한국의 LG전자 등 많은 기업이 디지털 트윈 시스템을 구축해 사이버 물리 시스템으로 발전 중이다. 이러한 시스템은 조달, 생산 공정에서 측정된 다양한 형태의 방대한 데이터를 바탕으로 원자재, 재공품, 완제품의 품질을 분석하고, 미리 예측해 그다음 작업을 준비하고, 사전에 설비를 보전해 생산성을 향상시킬 수 있다.

또한 기존에는 로봇이 펜스 이내에서만 한정적인 작업을 수행했지만, 인간과 같이 동시 작업이 가능한 협동 로봇이 출현하면서 그 활용 범위가 점차 넓어지고 있다. 로봇이 수행할 수 있는 작업의 종류와 난이도도 증가하고 있다. 로봇이 기존에 작업이 어려웠던 3D 작업을 포함한 많은 인간의 작업을 대체할 수 있게 된 것이다. 이제 더 이상 인건비가 저렴한 지역에 공장을 세워 원가를 낮추고 경쟁력을 강화시키는 전략은 성공하기 어렵다. 공장을 자동화하고, 로봇을 도입하고, 스마트 공장을 구축해 생산성을 극대화하고, 시시각각으로 변화하는 고객의 기호에 맞춰서 제품을 빨리 개발하고 생산해야 한다. 즉, 이러한 스마트 공장 시스템을 개발하고 고객이 있는 곳에 공장을 건설하고 실시간으로 고객의 수요에 맞춰 현지에서 대응해야 생존할 수 있다.

개발 및 투자의 결정 시스템을 명확히 하라

대규모 투자는 기업의 성패를 결정한다

경영자가 기업을 설립해 경영하다 보면 수시로 상당한 규모의 투자를 결정하게 된다. 그 투자 규모는 산업별, 기업별, 투자 종류별로 매번 차이가 있다. 투자의 종류를 살펴보면 기계·설비 매입, 신제품 개발, ERP·MES·회계관리 시스템 등 회사의 운영 시스템 도입으로부터 신규 공장 설립, 비즈니스 확장 및 M&A까지 다양하다. 앞서 열거한 투자 종류는 모두 1년 이상에 걸쳐 수익을 창조하는 데 도움이 될 것으로 기대되는 항목들로 기업의 성패를 좌우하게 된다.

특히 현재와 같이 기술과 시장이 급변하는 상황에서는 더욱더 투자를 통한 사업의 조정 및 변화가 필수적이지만 투자 리스크가 더 큰 경우가 많다. 그 이유는 다음과 같다. 첫 번째, 이러한 투자는 상당한 규모의 초기 지출을 수반한다. 두 번째, 투자 자산의 내용 연수 또는 수익 창출 모델의 수익 기간 동안 수년에 걸쳐 수익을 제공하고, 수익의 발생 시점에 따라 현재가치에 차이가 발생한다. 세 번째, 이러한 투자는 언제나 건별로 상이한 리스크를 수반하고 이 리스크는 현재가치를 계산하는 할인율에 반영된다.

내가 경험한 많은 중소기업의 경우 의외로 대규모 자본 지출이 수반되는 개발 및 투자에 대한 의사 결정 시스템이 없거나 형식적으로 존재하는 경우가 많았다. 상황을 살펴보면 CEO의 판단에 의존해 투자 의사를 결정해서 대규모 자금을 집행하는 경우가 많았다. 그러다 보니 CEO가 먼저 결정한 다음에 투자 타당성을 검토하게 되고, 이러한 검토 과정이 요식행위로 전락해 투자 수익률 및 사업 타당성을 제대로 검토하지 못한 상황에서 대규모 자본을 지출하게 된다. 이러한 결정 과정을 통해 투자된 프로젝트가 좋은 결과로 연결되면 좋겠지만, 완벽하지 않은 계획을 통해 투자된 프로젝트가 성공할 가능성은 제대로 검토한 프로젝트에 대비해 훨씬 낮은 경우가 많다.

예를 들면 많은 한국 기업이 중국 시장의 시장 규모와 시장 성장성을 보고 사업성을 면밀하게 검토하지 않고 많은 투자를 집행했다. 이런 투자로 실패한 기업의 수가 성공한 기업의 수보다 훨씬 많은 이유는 회사에 완벽한 투자 결정 시스템이 없거나 사업 타당성을 제대로 검토하지 않은 것에서 비롯된다.

개발 및 투자의 결정 시스템을 구축하다

대규모 투자를 할 때는 종류에 따라 다양하게 사업성을 분석해야 한다. 산업 분석, 제품 분석, 매출액 추정, 원자재 구매, 비용 추정, 물류·용수·전력을 포함한 환경 분석, 인력 수급, 세금뿐만 아니라 투자 지역의 법, 정치 상황 등 정말 여러 가지 상황을 광범위하게 분석해야 한다. 여기에서는 범위를 좁혀서 투자 결정의 기본이 되는 경제성 평가를 통한 개발 및 투자 결정 시스템을 이야기하려고 한다.

첫 번째로 위임전결 규정에 투자 결정에 대한 검토 부서, 합의 부서, 최종 전결권자를 확실히 해야 한다. 개발의 경우 검토 부서는 연구소, 합의 부서는 기획부 또는 자금부, 전결권자는 금액의 규모에 따라 임원 또는 대표이사로 정해야 한다. 설비 투자의 경우는 검토 부서는 설비부, 합의 부서는 기획부 또는 자금부로 정하고, 전결권자 역시 금액의 규모에 따라 정해야 한다.

두 번째로 위임전결 규정이 정비되었다면, 경제성 평가 방법과 승인 기준을 설정해야 한다. 경제성 검토는 회사의 상황에 따라 회수기간(Payback Period), 순현재가치(Net Present Value), 내부수익률(Internal Rate of Return)에 대한 목표 기간, 목표 가치, 목표 수익률 등을 평가 지표로 정해야 한다. 많은 중소기업이 현금 유동성이 충분하지 않기 때문에 나는 회수기간을 최우선 평가 지표로 설정했다. 회수기간이 짧을수록 회수된 자금으로 재투자를 실시해 더 큰 수익을 달성할 수 있기 때문이다. 회사 상황에 따라 3~4년 이내 회수하는 것을 목표로 했고, 순현재가치와 내부 수익률을 참고로 사용했다.

회수기간을 기준으로 잡은 것은 자본적 지출로부터 미래현금흐름을 추정하는 가장 단순한 방법이기 때문이며, 쉽고 빠르게 계산할 수 있어 추정·가정으로부터 발생하는 오류를 줄일 수 있기 때문이다. 회사에 현금이 충분하지 않다면 우선적으로 적용할 필요가 있다. 단, 투자 금액을 회수한 뒤의 현금흐름을 고려하지 않아서 전체적인 수익을 파악할 수 없다. 따라서 순현재가치와 내부수익률을 참고해서 함께 검토해야 한다.

또한 복수의 투자안을 검토할 경우 투자 후 발생하는 수익기간이 다를 경우 순현재가치와 내부수익률을 같이 사용하는 것이 유용하므로 회수기간과 함께 검토했다. 그리고 항상 경제성 검토에는 미래에 대한 추정과 가정이 수반되고 기업의 자본 비용을 추정해야 하므로 더 안 좋은 상황을 가정해 시나리오 분석을 하고 최악의 경우를 가정한 보수적인 판단을 할 수 있도록 했다.

세 번째로 종합적인 사업성을 검토하기 위해 사업성 검토 항목을 정해야 한다. 투자의 목적, 내용, 효과, 위험 요소를 검토한다. 투자 내용별로 다르게 검토해야 하고, 과거 검토했던 안을 참고로 비치해 같이 검토할 수 있게 해야 한다.

이상과 같은 개발 및 투자 시스템에 근거해 실제 사례를 갖고 경제성 평가를 해보도록 하자.

회수기간이 짧고 수익성이 확실한 투자를 하라

실제로 경제성을 평가해 투자 여부를 결정하고 자본투자를 한 사례를 이야기해 보려고 한다. 소재를 가열, 단조, 프레싱하는 공정에서 소재를 가스로(爐)에서 가열하던 것을 전기로(爐)로 대체해 에너지를 절감하고 소재의 가열 온도를 정확하게 유지하고 로봇이 자동으로 소재를 투입하게 하고 이동하게 해서 생산성을 높이는 전기로 투자의 경제성을 평가한 사례이다.

첫 번째 단계는 초기 투자 금액을 결정하는 것이다. 전기로가 투자 후 제품을 생산해 매출액을 낼 때까지 어느 정도의 원가가 들어가는지 분석해야 한다. 장비를 매입, 설치, 테스트하는 비용을 포함한 총 초기 투자 금액은 10억 원으로 검토되었다.

두 번째 단계는 투자로부터 미래현금흐름을 계산하는 것이다. 위의 공정에서 연 150억 원의 매출액이 발생하고 있었다. 전기로로 대체할 경우 생산성이 10% 향상되고 고정비 절감액은 연 2.4억 원으로 추정되었다. 또한 가스를 전기로 대체해 연료비를 연 0.5억 원 절감하고, 작업 인원 1명의 축소로 인건비를 연 0.5억 원 절감해 총 연 3.4억 원의 현금흐름이 예측되었다. 또한 전기로의 내용 연수를 7년으로 가정했다.

세 번째 단계는 투자 여부를 결정하는 승인 기준을 결정하는 것이다. 나는 투자 회수를 3년 이내 달성하는 것을 기준으로 설정했다.

네 번째 단계는 회수기간을 분석해서 투자 여부를 결정하고, 순현재가치와 내부수익률 분석을 참고로 분석하는 것이다.

구체적으로 경제적 타당성을 다음과 같이 검토했다.

회수기간 계산(Payback Method)

회수기간＝투자금액／연 현금흐름 금액

＝전기로 투자 10억 원 ÷ 생산성 향상 등으로 발생한

현금흐름 연 3.4억 원

＝2.94년

회수기간은 목표 기간인 3년보다 짧은 2.94년으로 투자 기준을 통과해 투자를 실시했다. 회수기간 분석으로는 전반적인 수익을 알 수 없으므로 순현재가치와 내부수익률을 참고로 분석해 의사 결정에 반영했다.

순현가 계산(Net Present Value Method)

현재가치(PV)＝미래가치(FV)／$(1+i)^n$

＝$3.4／1.12+3.4／(1.12)^2+\cdots+3.4／(1.12)^7$

＝15.5억 원

* PV＝현재가치／FV＝미래가치／n＝기간(연)
** i는 할인율로, 가중평균자본비용(Weighted Average Cost of Capital)에 5%를 더한 12%로 보수적으로 적용했다.

$$순현재가치(Net\ Present\ Value)=현재가치-최초\ 투자\ 금액$$
$$=15.5억\ 원-10억\ 원$$
$$=5.5억\ 원$$

순현재가치 5.5억 원의 이익을 통해 본 시설 투자가 12% 이상의 수익을 제공함을 알 수 있다.

내부수익률법(Internal Rate of Return Method)

미래현금흐름이 최초 투자 금액과 일치하는 할인율을 계산하는 것으로, 예상된 현금흐름이 제공하는 실제 수익률을 계산한다.

최초 투자 금액은 10억 원이며, 투자 후 7년간 매년 3.4억 원의 현금흐름이 발생하는 할인율은 28%로 자사에서 정한 20%를 8% 초과하는 양호한 수익률로 판단했다.

결론적으로 전기로 10억 원에 대한 설비 투자를 할 경우 공정 자동화를 통한 생산성 향상, 에너지 비용 절감, 인건비 절감을 통해 매년 3.4억 원의 현금흐름을 발생시켜서, 투자 후 2.94년에 투자 원금을 회수하고, 순현재가치가 5.5억 원으로 높으며, 내부수익률도 28%로 자사의 투자 승인 기준을 초과하고 수익성이 높은 것으로 분석되어서 투자를 진행했다. 그 결과 사전 검토한 내용과 같이 투자금을 빠르게 회수하는 한편 수익을 창출하는 데 크게 기여했다.

이와 같이 사전에 개발 및 투자의 결정 시스템을 명확히 하고 경제성 및 사업성을 검토해서 투자를 결정해야 한다. 사전에 계획된 미래의 현금흐름을 확보하는 성공적인 투자를 해서 투자실패를 미연에 방지하고 투자한 자금을 조기에 회수하고 지속적인 재투자를 통해 회사가 발전할 수 있도록 해야 한다.

영업 중심의 경영 시스템을 구축하라

영업의 토요타가 기술의 닛산을 이기다

'기술의 닛산'이라 불리면서 일본의 자동차업계를 대표하던 닛산자동차는 장기불황을 이겨내지 못하고 프랑스의 르노자동차에 합병되었지만 반면에 '판매의 토요타'로 불리며 닛산보다는 떨어지는 취급을 받던 토요타는 일본 제일을 확보하고 세계 제일을 향해 질주하고 있는데 이는 위기 때마다 토요타자동차를 지탱해온 훌륭한 인재들이 있었기 때문이지만 토요타자동차는 기본적으로 철저하게 실리를 추구하는 기업이기 때문에 오늘날의 토요타가 있는 것이다. 지금은 '기술도 토요타'라는 말을 듣지만 토요타가 만들어낸 여러 가지 기법들을 잘 들여다보면 모두 판매에 초점이 맞춰져 있음을 잘 알 수 있다.

- 방경일 글, 김장열 그림, 《만화로 보는 알기 쉬운 도요타 생산 방식의 비밀》,
한국표준협회컨설팅, 2004

책에 소개된 것처럼, 토요타는 생산의 시작을 고객이 자동차를 구매한 시점부터 개시하고 고객 만족을 최우선으로 해 판매가를 소비자가 정한 다음 이익은 생산 과정에서 원가를 절감해 확보하는 원칙을 고수하는 등 영업 중심, 소비자 중심의 경영을 통해 기술 중심의 닛산 및 타 글로벌 자동차 회사들을 물리치고 오늘날 세계 3대 자동차 메이커로 자리잡았다.

나 또한 토요타와 마찬가지로 항상 영업을 중심축으로 하는 시스템을 구축해 기업의 경쟁력을 강화하고 사업을 성공으로 이끌 수 있었다. 내가 실행한 영업 중심의 경영 시스템 구축 사례를 소개한다.

영업 중심의 경영 시스템을 구축하다

기업의 가치 실현은 제품을 생산해 판매하고 그 판매 대금을 회수해야 완성된다. 즉, 영업 활동의 결과로 가치를 실현할 수 있다. 영업 조직은 회사 타 부서를 리드하고 타 부서의 지원을 받아 제품을 판매하고 수익과 이익을 창조하는 실행 조직으로 고객과의 접점을 담당하고 있는 조직이다. 그럼 왜 영업이 중요한지, 영업의 역할은 무엇인지, 영업 조직의 구성은 어떻게 해야 하는지, 영업 조직은 어떻게 고객을 만족시켜 매출과 이익을 실현하는지를 살펴보자.

영업의 역할을 명확하게 하라

영업 중심의 경영 시스템을 구축하기 위해서는 가장 먼저 영업의 역할은 무엇인지 명확하게 하는 일이 필요하다. 영업의 역할은 크게 4가지를 꼽을 수 있다.

첫 번째, 영업은 매출과 이익을 실현한다. 영업은 기업이 고객에게 제공하는 가치인 제품 및 서비스를 판매하고 여기에서 나온 이익과 현금으로 기업의 생존과 지속적인 발전을 가능하게 한다.

두 번째, 영업은 신제품 개발의 출발점이다. 고객 및 시장의 니즈와 욕구, 미충족 니즈를 정확하게 파악하고 개발 및 생산 조직에 전달해 신제품 개발 및 제품 개선에 반영해 자사 제품의 가치를 지속적으로 유지, 발전시키도록 한다.

세 번째, 영업은 사업 계획 수립을 선도한다(이에 대해서는 3장 '비전을 달성할 장기 사업 계획을 수립하라'에서 거듭 강조했다). 영업부는 전년도 판매량과 시장의 수요 변화, 경쟁사의 동향, 고객사의 재고 보유 현황 등을 고려해서 당해 연도의 연간 판매량과 월별 판매량에 대한 계획을 수립한다. 구매부와 생산부는 영업부에서 계획한 판매량에 근거해 구매 계획과 생산 계획을 수립한다. 이를 근거로 해 인사부는 인력 계획을, 자금부는 자금 조달 및 운용 계획을 수립해야 한다.

네 번째, 영업은 생산관리의 시작임을 명심한다. 영업부는 매 분기, 매월, 매주 단위로 고객의 주문량, 고객의 판매량, 재고 현황, 시장 상황을 점검해 정확한 고객의 주문량을 생산부에 전달하고 적정 생산량을 유지해 재고를 최소한도로 유지하도록 해야 한다.

이상과 같이 영업 조직은 매출을 통해 수익을 실현해야 할 뿐만 아니라 고객과 시장의 니즈와 욕구를 파악해서 신제품 개발을 이끌어야 하며, 사업 계획을 수립하고 정확한 판매량을 파악해서 생산과 구매관리를 선도하는 역할을 해야 하므로 영업부를 통한 정보의 취득 및 전사적인 공유가 가능한 시스템을 구축해야 한다.

영업 조직을 구축하라

영업 중심의 경영 시스템을 구축하기 위해 필요한 또 하나의 요소는 영업 조직을 구축하는 일이다. 영업 조직은 판매 조직, 마케팅 조직, A/S 조직으로 나누어 구성한다.

첫 번째, 판매 조직은 국내와 해외의 판매 조직을 구분해 편성한다. 국내 판매 조직은 제품과 판매 채널을 분석해 고객 접점을 장악하기에 어떤 체계가 장기적으로 유리한지를 검토한 후에 직판, 대리점 또는 직판과 대리점을 혼합한 조직체계로 구성한다. 어떤 조직체계로 구성하더라도 고객, 시장 상황, 경쟁사 상황을 실시간으로 파악하고 정보를 전체적으로 공유할 수 있는 시스템을 구축해 하나의 조직과 같이 움직일 수 있어야 한다.

코로나19 유행과 정보통신기술의 발달은 물리적인 언택트화를 가속화시키고 있기 때문에 제품에 따라서는 오프라인보다 온

라인 판매 위주의 시스템을 구축해야 한다. 이 경우도 DELL의 정책과 같이 회사 수익의 대부분을 차지하는 주요 고객의 경우에는 오프라인 영업을 동시에 진행할 수 있는 온·오프라인 혼합 판매 시스템을 구축해야 한다. 해외 판매 조직은 본사 직판, 해외 지사, 해외 대리점 체계 중 고객을 개척하고 유지하기에 유리한 체계를 선택해야 한다. 주요 시장의 경우 본사 직판 또는 해외 지사를 설립해 영업을 진행하고 시장 규모가 작은 국가의 경우에는 대리점을 통해 영업을 진행할 수도 있다.

두 번째, 마케팅 조직과 A/S 조직은 회사의 상황을 고려해 영업 조직 외에 별도의 조직으로 구성할 수도 있지만, 영업 조직 내에 조직을 구성하는 것이 고객, 시장, 경쟁사의 정보를 실시간으로 정확하게 파악할 수 있고 빠르게 대응하거나 전략을 수립해 실행할 수 있는 장점이 있다. 또한 영업 조직과 상호 시너지를 발생시킬 수 있으므로 영업 조직 내에 구성하는 것이 유리하다.

영업 조직을 출발점으로 해 전 부서를 연결하라

영업 중심의 경영 시스템을 구축하기 위해 영업 조직이 구축되었다면 이제 영업에서 취득한 제품 및 기술의 정보, 고객 정보, 시장 정보, 경쟁사 정보를 전 부서에 전달하고 전사적으로 대응하는 시스템을 구축해야 한다. 영업 조직에서 취득한 중요한 정보가 전달되지 않거나 관련 대응이 늦다면 회사는 점차 경쟁력이 약화될 것이고 궁극적으로는 경쟁에서 도태될 것이다. 부서별로 아무리 좋은 시스템을 구축했더라도 전사적으로 시너지를 발생시키지 못한다면 효율성이 떨어질 것이고, 전사적으로 정보가 늦게 전달되거나 단절된다면 고객에 대한 대응, 신제품 개발, 제품 개선, 재고관리 및 생산의 효율성을 이루기는 어렵다.

영업 조직은 취득한 정보를 전달하는 것뿐만 아니라 취득한 정보를 기반으로 전 부서와 함께 적절한 조치를 수립하고 시행할 수 있도록 해야 한다. 이러한 빠른 전사적인 정보 공유 및 대응 시스템이 기업의 효율성을 제고하고 판매 및 수익 증대를 실현하는 길이다.

영업이 전사를 리드하는 시스템을 구축하자

영업은 고객이 요구하는 상품, 기능, 가격을 파악하고 관련 정보를 전사에 제공할 수 있어야 한다. 요구되는 상품, 기능 정보를 연구소에 전달해 제품 개선 및 신제품 개발에 반영하고, 자사 제품이 제공하는 가치를 파악하고, 고객이 지불할 수 있는 가격을 파악해 가격을 조율하고, 타 부서에 전달해서 전사적으로 원가를 절감해 이익을 확보해야 한다.

또한 영업은 기업의 매출액과 이익을 지속적으로 상승시켜서 기업이 발전할 수 있도록 해야 한다. 기존 고객을 유지해 수익을 발생시키고, 신규 고객을 지속적으로 발굴해서 미래 수익을 창출해야 한다. 즉, 영업은 기존 고객과 신규 고객이 요구하는 가

172

치를 제공하고, 고객을 만족시키기 위한 출발점이며 완결점이다. 따라서 영업이 중심축이 되어 전사를 리딩하는 시스템을 구축해 고객 만족을 달성하는 동시에 자사가 지속적으로 발전할 수 있도록 해야 한다.

5장

변화와 도전의 턴어라운드 전략 통찰

BUSINESS
TURNAROUND

사양 산업은 없다,
신기술로 혁신하자

잊지 못할 토론토 여정

　　한국은 12월에 겨울이 오고 2월, 늦어도 3월이면
겨울이 끝난다. 그리고 강설량도 많아야 20~30mm로 눈이 쌓
여도 차량을 운행하는 데 그리 큰 지장이 없다. 하지만 북미의
겨울은 상황이 다르다. 내가 2년간 거주한 미국 위스콘신주의
경우 11월에 눈이 내리기 시작하고 3, 4월은 되어야 추위가 물러
가니 겨울이 6개월은 유지된다고 볼 수 있다. 눈이 한 번 내리면
3~4일간 지속적으로 내리는 경우도 많아서 눈을 치우지 않고
그냥 내버려 두면 밖으로 난 출입구를 열 수도 없고 밖에 주차한
자동차의 문도 열기 어려울 정도이니 겨울의 강설량과 눈보라가
어떤지 상상할 수 있을 것이다.
　　미국에 온 첫해 겨울에 토론토(Toronto)에 있는 형의 초청으로

위스콘신주의 메디슨(Madison)에서 토론토까지 가족여행을 하게 되었다. 형은 꼭 커다란 양초, 담요, 비상식량을 준비해서 오라고 했는데, 나는 형의 조언을 무시하고 두꺼운 옷만 챙겨서 토러스 왜건(Taurus Wagon)을 몰고 아내와 뱃속의 딸아이와 함께 여행을 떠났다.

위스콘신주에서 일리노이주, 미시간주를 거쳐 토론토로 가는 여정이었는데 미시간주에서 캐나다 국경을 넘으면서부터 눈보라가 몰아치기 시작했고 많은 차들이 고속도로 밖에 퍼져 있었다. 주행 중에는 대형 카고 트럭이 옆으로 지나갈 때면 회오리가 몰아쳐 차량이 흔들렸고 눈보라에 자동차 와이퍼를 아무리 고속으로 작동해도 자동차의 시야를 확보하기 어려웠다. 나는 그제야 어째서 형이 커다란 양초, 담요, 비상식량을 준비하라고 했는지 알 수 있었다.

우여곡절을 겪고 토론토의 형네 집에 도착했을 때 우리는 고난의 여정을 형에게 무용담 늘어놓듯이 펼쳐놓았다. 그런데 이 전설의 무용담은 거기서 끝이 아니었다. 돌아오는 여정에서는 와이퍼 리벳 부위가 얼어 와이퍼가 닦기 기능을 하지 못했다. 설상가상으로 와이퍼가 고장 나서 잠시 운행하다가 멈춰서 장갑으로 전면 유리를 닦고 다시 운전을 재개하는 과정이 반복되었다. 아! 정말 미국과 캐나다의 겨울에 대한 무지가 생명의 위협으로 다가온 여행이었다. 여행은 즐거웠지만 돌아오는 길에서 운전했던 경험은 정말 다시는 하기 싫었다.

고객의 첫 번째 미충족 니즈에서 출발한 신제품 개발

이 경험으로 나는 새로운 사업의 가능성을 확신하게 되었다. 고객의 미충족 니즈를 그날의 여행에서 발견한 것이다. 북미, 특히 캐나다의 겨울은 아무리 와이퍼 블레이드의 닦기 성능이 좋아도 제대로 작동할 수 없어서 시야를 확보하기 어렵다. 눈이 온 후에 낮에 햇빛을 받아 녹았다가 추위가 몰려오면 와이퍼의 연결 부위인 리벳이 얼어 닦기 성능이 낮아지고 심지어는 전혀 닦이지 않아 시야를 확보하기 어렵다.

눈이 많이 오고 겨울이 긴 캐나다에서 와이퍼의 리벳 부위가 얼어 닦기 성능이 낮아지고 고무도 고유의 닦기 성질이 약화되어 닦기 성능이 더 낮아지므로 이 문제를 해결할 신제품 개발 및 사업성에 대한 확신을 얻었다. 이때 자사는 프레임이 어는 현상을 개선하는 신제품 개발을 추진하고 있었다.

기존의 일반 와이퍼는 리벳과 요크를 이용한 다층 구조의 금속 프레임으로 유리면 형상에 맞도록 고른 누름압을 만들어서 다양한 곡면의 앞 유리에 적합한 밀착 성능이 있었다. 하지만 겨울에 눈으로 리벳 부위가 얼 경우 고른 누름압을 만들기 어려워 닦기 성능이 나빠졌다. 그래서 플랫 와이퍼로 신제품 개발을 진행했다. 플랫 와이퍼는 일체형 금속 프레임으로 리벳 없이 하나의 금속 프레임에 고무 블레이드를 삽입해 눈이 오더라도 프레임이 어는 현상을 근본적으로 제거하고 일정한 압을 유지할 수 있어 닦기 성능을 유지할 수 있도록 한 것이었다.

성공할 때까지 열정과 끈기로

자사에서 만들고자 한 플랫 와이퍼는 단일 철판으로 프레임을 만들고 프레임의 가운데에 프레스로 구멍을 뚫어 고무를 끼우는 방식이었다. 그런데 여기서 몇 가지 문제점이 발생했다.

첫째로, 플랫 와이퍼 프레임의 곡률을 앞 유리의 곡률과 유사하게 유지하기 위해 철을 프레싱해 형상을 만들고 열처리를 해서 곡률이 시간이 지나도 펴지지 않고 일정하게 유지되게 만들어야 했다. 그런데 프레임이 얇고 프레임 중간에 고무를 끼우는 홈이 있어서 열처리를 하면 프레임의 뒤틀림 현상이 발생해 개발이 중단되는 상황이 발생했다.

개발에 난항을 거듭하자, 비엔지니어인 내가 문제를 해결할 수 있는 방안은 열처리업체들을 철저히 벤치마킹해서 해답을 찾는 것이었다. 나는 전국의 열처리업체를 방문해서 그들의 열처리 과정을 벤치마킹하기로 했다. 다수의 업체를 벤치마킹하던 중 면도날을 만드는 열처리업체를 방문하게 되었다. 면도날은 얇고 작기 때문에 선 열처리를 한 후에 금형으로 면도하는 날 부위를 예리하게 프레싱하는 현장을 보고 나는 이 방법으로 해결할 수 있다고 직감했다. 바로 회사로 복귀해 연구소 회의를 열었고 선 열처리 후 프레싱 작업을 하자는 제안을 했다.

나의 제안에 모든 연구소 직원은 열처리로 금속의 강도가 올라간 상태에서 프레싱을 할 경우 금형이 깨져서 절대 할 수 없는

180

방법이라고 반대를 했고, 나의 고심은 깊어졌다. 하지만 나는 금속의 두께가 얇아서 충분히 가능하다고 판단했고 금형의 문제가 발생할 경우를 대비해 복수 금형을 제작해서 실시하자고 설득했다. 드디어 시험을 하는 데 모두 동의했다. 그 결과 금형의 내구성은 일부 약화되었지만 문제없이 양품의 제품을 생산하는 데 성공했다.

안 되는 것은 끝까지 안 된다. 맞는 이야기이다. 단, 그것이 검증된 원리일 경우에 맞는다는 이야기이다. 실험하고 검증해봤는가? 실험과 분석을 통해 진정한 원리를 탐구한다면 얼마든지 새로운 기술에 도전할 수 있다.

선 열처리 후 프레싱을 통해 프레임 뒤틀림 현상을 해결했지만, 또 다른 문제점이 노출되었다. 일반 와이퍼의 경우 다단계 리벳과 요크 구조로 유리면 형상에 맞도록 고른 누름압을 만들어 닦기 성능이 우수했다. 하지만 플랫 와이퍼는 하나의 프레임으로 누름압을 만들기 때문에 닦기 성능이 안 좋은 문제점이 노출되었고, 겨울이 아닌 다른 계절에는 닦기 성능이 타 제품 대비 더 안 좋은 문제점이 발견되었다. 이 문제를 나는 '개방형 혁신(Open Innovation)'을 통해 해결했다. 개방형 혁신이란 외부의 전문가나 조직과의 협력을 통해 새로운 제품 개발 또는 혁신을 추구하는 것을 말한다.

우선 고무 코팅 일본인 전문가를 수소문해 흑연 그래파이트(Graphite) 코팅을 해 닦기 성능을 향상할 수 있는지 테스트를 했다. 닦기 성능은 개선되었지만 만족할 만한 정도는 아니었다. 일본인 전문가와 협의 중 발수 코팅을 개발했다는 말을 듣고 테스트를 했다. 발수 코팅의 경우 발수 코팅 물질을 고무에 보관했다가 이 물질을 앞 유리로 전달해 유리면에 도포하는 기술이어서 계절에 상관없이 닦기 성능을 향상시킬 수 있고, 눈과 비가 올 때 와이퍼가 작동하지 않아도 시야를 확보할 수 있어 기존 제품보다 훨씬 우수했다.

회사가 매출액이 급감하고 자금 상황이 어려워 위기에 직면한 상태에서 세계 최초의 플랫 와이퍼를 개발해서 신시장을 개척하겠다는 집념으로 여러 번의 기술적 난관을 도전, 열정, 끈기로 극복해 결국 개발에 성공했다.

신기술은 날로 날로, 정말 혁명적으로 빠르게 발전하고 있다. 회사 내에서 이러한 기술을 모두 개발한다는 것은 누구나 불가능하다는 것을 안다. 그러면 어떻게 해야 할까? 지속적으로 발전되고 개발되는 기술의 정보를 취득하고 연구하고 분석해야 한다. 관련 분야의 훌륭한 연구자, 연구소, 기업과 협업해서 신기술을 누구보다도 빨리 적용해 제품화하는 것이 성공의 지름길이다.

'더 빨리', '세계 최초'로 플랫 와이퍼를 개발해 론칭하다

내가 토론토 여행에서 성공을 확신했던 발수 코팅 플랫 와이퍼는 마침내 캐나다 1등 마트 체인, 캐나디안타이어에 리플렉스(Reflex)'라는 상표로 세계 최초로 론칭했다. 판매 가격은 일반 와이퍼의 3~4배로 높아 수익성이 좋았으며, 총매출액도 초년에 100억 원에 이르렀다. 당시 회사의 1년 매출액이 100억 원대 초반인 것을 감안할 때 정말 대단한 히트 상품이 되었다.

이 신제품 개발로 내가 얻은 교훈은 따로 있다. 바로 사양 제품은 없다는 것이다. 기술과 고객의 취향 변화에 따라 제품이 변화할 뿐이지 사양화되는 제품은 시장에 존재하지 않는다. 현재의 제품에 고객의 변한 니즈를 정확하게 파악해 해결하는 신기술을 탑재한다면 신제품을 얼마든지 탄생시킬 수 있다는 것도 더불어 얻은 교훈이다.

제품 개발을 지원하기 위해 캐나디안타이어 또한 동 제품을 ENE 프로젝트(ENE는 Exotic, New, Exciting의 앞 글자를 딴 것으로, 매년 1, 2개의 새로운 제품 개발을 지원하는 프로그램)로 선정해 금형비를 포함한 개발비를 지원했고, 캐나디안타이어의 중심 진열대에서 판매하고 TV 광고로 홍보해서 대단한 성공을 거뒀다. 나와 함께 리플렉스를 담당한 직원은 이 성공에 대한 보상으로 승진을 했다. 그 당시 리플렉스 담당 직원과 광고 콘셉트를 어떻게 잡을지 차량과 모델은 어떻게 정할지 등 서로 협의를 했었다. 당시 그랜드 체로키 지프가 유행이어서 초콜릿 컬러의 동 차량을 선정했고, 광고 모델은 연예인이 아닌 회사 직원들로 선정해 대중적인 콘셉트에 맞춰 비가 오는 날 '워터 리펠런트 리플렉스(Water Repellent Reflex, 발수 코팅 플랫 와이퍼인 리플렉스)'는 단 몇 번의 와이핑으로도 선명한 시야를 확보할 수 있다는 콘셉트 광고로 선풍적인 인기를 끌어 대박 상품이 되었다. 지금도 도로에서 그랜드 체로키 지프를 보면 그때의 개발 과정이 주마등과 같이 뇌리를 스친다.

회사의 장점을 활용해 차별화로 승부하자

지피지기 백전불태

　지피지기 백전불태(知彼知己 百戰不殆)는《손자병법》
모공편에 나오는 말로, 자신과 상대방의 상황에 대해 잘 알고 있
으면 백 번 싸워도 위태로울 것이 없다는 뜻이다. 중국 고대 춘
추시대에 손무가 기술한 이 전략은 현대의 회사 경영에도 활용
할 수 있다. 자사의 분석을 통해 회사의 장단점을 파악하고 경쟁
사의 정보를 취득하고 분석해 장단점을 파악해야 한다. 이렇게
양사의 정보를 결합하고 종합적인 분석으로 경쟁사를 이길 수
있는 유효한 전략을 발굴해 수립한다면 경쟁에서 위태롭지 않고
반드시 이길 수 있다고 나는 확신한다.

　시장이 급변하고 동종업계 내에서뿐만 아니라 이종업계와도
치열한 경쟁을 하고 있는 상황에서 많은 기업이 경쟁사에 대한

정보 취득 및 분석을 소홀히 하는 경우가 많다. 그러나 경쟁사와 자사의 재무제표를 비교 분석해 회사의 장단점을 분석하고 제품을 비교해서 양사 제품의 장단점, 적용 기술 및 생산성을 분석해야 한다. 경쟁사의 생산 설비, 인력 운용, 생산성, 품질, 불량률, 부품 조달, 외주업체 등 취득 가능한 모든 정보를 모아서 자사와 경쟁사의 차별점을 분석하고, 이 분석을 바탕으로 자사의 강점을 활용해 경쟁사의 약점을 공략한다면 백 번 싸워도 위태로움 없이 경쟁에서 반드시 이길 수 있다.

페더럴 모굴의 위기를 자사의 기회로

자사는 2000년대 초 북미 시장에 애프터마켓(After Market)용 와이퍼를 OEM으로 공급해 간접 판매를 주력으로 하고 있었다. 북미 시장의 1위 업체인 페더럴 모굴은 저가 제품부터 고가 제품까지 다양한 제품을 제조해 판매하고 있었다. 경쟁사였지만 자사의 제품을 OEM 형태로 공급할 수 있는 예비 수요처로 판단해서 지속적인 정보 수집과 교류를 추진했다.

페더럴 모굴은 와이퍼를 비롯해 다수의 자동차 부품을 제조하는 미국의 3대 자동차 부품 회사로 미시간 주 디트로이트 시에 본사를 두고 있었다. 포드를 설립한 핸리 포드의 고향이며 GM의 본사가 소재한 곳으로 미국 자동차 산업이 활황일 때는 미국 최고의 혁신 도시로 유명한 곳이다. 2000년대에 접어들어 인건비 상승과 유럽 및 일본 업체 대비 기술 혁신에 뒤처지면서 미국 자동차 산업은 쇠퇴의 길에 접어들었고, 페더럴 모굴 역시 비슷한 상황에 처한 상태였다.

그 당시 나는 페더럴 모굴 본사 및 연구소의 임원들과 지속적으로 만나면서 회사의 상황을 점검하며 비즈니스 기회를 엿보고 있었다. 페더럴 모굴은 미국 내 인건비 상승으로 인해 원가 경쟁력이 떨어지면서 경쟁사 대비 가격 경쟁력을 점차 상실하고 있었다. 특히 미국 내 판매량 1위를 차지하고 있는 저가 와이퍼인 '레이니 데이(Rainy Day)'의 경우는 수익성 악화가 더 심해 새로운 대책을 마련해야만 하는 상황이라는 정보를 얻었다.

페더럴 모굴은 강력한 브랜드 인지도, 영업력, 기술력뿐만 아니라 와이퍼의 핵심 부품인 와이퍼용 고무를 다축압출 성형 방식으로 한 번에 여러 개의 제품을 동시 제조하고 있었다. 즉, 저렴하면서도 매우 우수한 품질의 고무를 생산하는 업체였다. 하지만 조립 및 포장 공정에는 많은 인력이 투입되기 때문에 저렴한 인건비와 우수한 노동생산성이 필요해서 미국 현지에서는 시간이 갈수록 경쟁력을 잃고 있는 상황이었다. 이 문제를 해결하기 위해 페더럴 모굴은 중국 내에 공장 신설을 검토했지만, 그룹 내의 자금 사정상 신규 공장 설립도 쉽지 않은 것으로 파악되었다. 나는 페더럴 모굴의 상황을 파악한 뒤 자사와 협력(OEM)하는 분위기와 조건이 마련되었다고 판단했다. 왜냐하면 당시 자사의 조립 및 포장 공장이 중국 웨이하이 지역에 소재하고 있었기 때문이다. 나는 자사 중국 공장의 저렴한 인건비와 높은 노동생산성, 해안 도시에 위치해 저렴한 선박 운송비 외에 보세 구역에 위치해 수출입 관세가 없어 페더럴 모굴이 조립 및 포장 공정에서 갖고 있는 문제점을 해결할 수 있다고 판단했다. 당시 나는 자사와 페더럴 모굴의 장점과 단점을 한눈에 파악하는 비교 분석표를 만들어 양사의 협력 가능성을 가늠해봤다.

| 자사와 페더럴 모굴의 장단점 비교 분석표 |

	자사	페더럴 모굴
장점	• 제조원가 경쟁력 우위 – 낮은 인건비: 중국에 소재한 조립, 포장 공장 – 낮은 제조원가: 감가상각이 끝난 도장, 조립, 포장 라인	• 연구, 개발 기술 우위 • 영업력 우위 • 브랜드 인지도 1위 • 품질 좋고 저렴한 와이퍼 고무 제조
단점	• 연구 인력, 개발 기술 열위 • 직판 영업력 부재 • 브랜드 인지도 열위 • 재무구조 취약	• 제조원가 경쟁력 열위 – 미국 내 인건비 상승으로 수익성 악화 – 신규 투자 여력이 낮음

경쟁사와 윈윈하다

지속적인 정보 취득과 정확한 분석으로 비즈니스 기회를 포착한 결과 자사는 경쟁 관계에 있던 페더럴 모굴과 OEM 공급 계약을 체결할 수 있었다. 페더럴 모굴은 신규 자금을 투입하지 않아도 조립 및 포장 공정의 원가를 절감해 수익성을 제고할 수 있게 되었고, 자사는 OEM 공급을 통해 신규 매출과 이익을 창출하게 되었다. 뿐만 아니라 자사는 프레스 성형 고무를 사용하고 있었는데, 페더럴 모굴의 저렴하고 품질 좋은 압출 고무를 매입할 수 있게 되어 타 와이퍼 제품의 원가 경쟁력을 획기적으로 높일 수 있는 기반을 마련했다. 자사와 경쟁사의 정확한 분석을 기반으로 경쟁사와 경쟁이 아닌 협력을 통해 상호 윈윈(Win-Win) 하는 비즈니스를 성사시킨 것이다. 이 비즈니스의 핵심적인 역할을 담당했던 연구소장 겸 공장장인 리처드 헤링(Richard Herring) 씨는 당사가 원활한 생산을 할 수 있도록 필요한 생산 설비를 무상으로 제공해줬고, 당사에서 필요한 고무를 공급하는 등 많은 지원을 해 줬다.

비즈니스가 성사되고 얼마 지나지 않아 리처드 헤링 씨가 위암으로 사망했다는 소식에 가슴이 매우 아팠다. 미국, 한국, 중국의 공장에서 같이 머리를 맞대고 협의하고 인사동과 위해 식당에서 함께했던 기억들, 동네 아저씨와 같이 인자한 모습과 상대방을 배려하는 품성이 지금도 그립다.

정보를 결합해 종합적인 판단을 하자

나에 대해 알고 적에 대해 모르면 승과 패를 주고받을 것이며, 적을 모르는 상황에서 나조차도 모르면 싸움에서 반드시 위태롭다고 했다(부지피이지기 일승일부 부지피부지기 매전필태, 不知彼而知己 一勝一負 不知彼不知己 每戰必殆). 경쟁사에 대해 모른다면 경쟁사와 비교해서 자사의 정확한 장단점을 파악할 수 없다.

경쟁사에 대해 모른다는 이야기는 자사에 대해서도 모른다는 이야기와 동일하다. 따라서 비즈니스(경영)에서는 반드시 경쟁사의 정보를 적극적으로 취득해야 한다. 경쟁사의 정보를 얻었다면 자사의 정보와 결합하고, 종합적이고 정확한 비교 분석을 통해 이기는 전략을 수립한 후에 경쟁해야 한다. 완벽한 정보 없이 경쟁을 한다는 것은 나침반 없이 험한 바다를 항해하는 것과 같다.

피할 수 없으면 당당하게 맞서라

미국에서 법적 분쟁은 정상적 사업의 한 부분이다

미국은 소송과 변호사의 천국이라고 한다. 미국에서 사업을 하는 대부분의 기업은 소송을 피해가기 어려운 것이 현실이다. 한국 기업의 경우도 미국 시장을 주무대로 수출 위주의 영업을 하는 제조업의 비중이 높기 때문에 미국에서의 소송을 피해갈 수 없다.

계약은 당사자 간에 자유롭게 체결하고 이행함으로써 평화롭게 종결되는 것이 보통이고 또 이상적이기도 하다. 하지만 계약을 이행하는 과정에 당사자 간에 분쟁이 발생할 수 있고 이 경우 법적 분쟁이 발생하게 된다. 나의 경우도 2000년대 중반 와이퍼 제조업체에 본부장으로 입사하고 몇 개월이 지난 시점에 미국 법원으로부터 소환장이 도착했다. 국내 소송은 물론 해외 소송에 대한 경험이 전무한 상황에서 어떻게 이 상황에 대처하고 풀어가야 할지 막막했다. 하지만 사업 중에 소송은 얼마든지 발생할 수 있고 피소된 상황에서 이런 소송을 피해갈 수 없으면 당당하게 맞서서 소송에 적극적으로 대응하기로 원칙을 수립했다.

미국 판매상으로부터 판매금지 가처분 소송을 받다

원고(Complaint)는 자사의 전 미국 판매 대리인으로 소송 제기와 동시에 자사에 대해 미국에 대한 판매금지 가처분을 신청했고 법원은 이 신청을 받아들였다. 그 당시 자사 매출의 90%에 해당하는 수출이 중단되어 자사는 회사의 존립을 위협받는 심각한 상황에 봉착했다.

나는 우선적으로 소송의 내용을 파악하고, 어떻게 대응할 것인지 전략을 수립하기로 했다.

첫 번째, 원고는 왜 소송을 제기했는가? 원고의 의도는 무엇인가? 자사의 최대 피해 보상액은 얼마인지 검토하기 시작했다. 원고는 전 미국 판매 대리점으로 자사가 생산한 제품을 OEM으로 판매업체에 공급하고 있었다. 글로벌 대기업인 셸이 기존 판매업체의 와이퍼 사업을 인수해 북미 전역에 판매를 시작하게 되자, 원고는 당사가 공급한 와이퍼를 창고에 보관하고 제품 공급을 중단한 상태에서 셸에 대폭적인 가격 인상을 요구해 문제가 발생한 것이었다. 셸은 원고의 무리한 가격 인상 요구를 수용할 수 없어서 제조업체인 자사에 제품 구매를 요청했다. 자사는 기존 대리점의 매출이 중단된 상태이므로 셀로 직접 수출했는데, 그 판매 및 선적 시점이 원고와의 계약이 끝나기 1개월 전에 이루어져 문제가 발생한 것이다. 나는 원고의 소송 타깃이 자사가 아니고 셀이며, 셀로부터 피해보상을 받는 것이 목적이라고 판단했다.

두 번째, 자사는 주력 판매 제품의 생산과 판매가 중단되어 현금흐름에 문제가 발생했고 이 문제를 우선적으로 해결해야 했다. 그 당시 자사의 주거래 은행은 산업은행이어서 나는 산업은행을 방문해 소송 내용과 향후 전략, 전망에 대한 설명, 셀과 법적으로 공동 대응하고 사업을 확장시킬 계획, 그리고 캐나디안 타이어에 판매를 추진 중인 신제품인 리플렉스에 대한 계획을 제시해 추가적인 자금을 지원받아 현금을 확보했다. 소송이 언제 끝날지, 판매금지 가처분이 언제 풀릴지 예측할 수 없었으므로 현금 확보는 회사의 생사와 연결된 문제였다. 다행히 국책은행인 산업은행의 지원으로 위기를 극복할 수 있었다.

세 번째, 자사를 위해 소송을 대리할 변호사를 선임하기로 했다. 계약상 준거법을 뉴욕 주법으로 정했기 때문에 미국에서 변호사를 선임해야 했다. 하지만 미국에서 변호사를 선임하는 것이 쉽지 않았다. 승소율이 높고 믿고 맡길 변호사가 누구일까? 대형 로펌을 선임하는 것이 유리할까? 소송이 언제 끝날지 모르므로 변호사 비용이 얼마나 들어갈까? 여러 가지 경우의 수를 고려했고, 실제 변호사를 선임하는 방법으로 미국의 대형 로펌 중에 하나를 선임하는 방법과 한국의 변호사 또는 지인의 소개를 받아 선임하는 방법 2가지 모두를 활용해 변호사 선임을 추진하기로 했다.

다행히도 지인으로부터 한국인 2세인 변호사를 소개받아 검토한 결과 변호사의 경력, 승소율, 비용 면에서 다른 변호사보다 좋은 조건으로 확인되었다. 또한 변호사가 적극적인 의지를 갖고 한국의 자사를 방문해 사건 협의를 진행하는 등 적극적인 성향도 마음에 들어 자사의 대리인으로 선임했다.

네 번째, 이제 변호사와 함께 소송의 원인을 분석하고 대응 전략을 수립했다. 원고와의 계약을 어긴 것은 사실이지만 이는 원고가 자사로부터 매입을 중단해 자사가 부도에 직면했고 최종 고객인 셀에 제품 공급을 중단한 것으로부터 기인한 것이며, 상식 이상으로 판매단가 인상을 요구한 점, 최종 고객인 월마트 등 판매처의 사업을 방해하고 최종 소비자의 사용 권리를 침해한 점을 문제로 삼아 소송을 유리하게 이끌 수 있다고 판단했다. 셀 또한 사내변호사로 적극적으로 대응할 예정으로 자사와 공동 대응을 할 것이므로 그 점도 유리한 상황으로 판단했다. 나는 이외에도 원고의 목적은 셀로부터 높은 합의금을 받는 것이므로 자사의 피해는 제한적일 것으로 판단했다.

다섯 번째, 법원에서 받아들인 원고의 판매금지 가처분으로 자사는 부도 위기에 몰렸으며 제품 공급의 중단으로 판매처인 월마트 등 다수의 유통체인과 최종 소비자에게 큰 피해를 주므로 판매금지 가처분을 취소해달라는 청구를 했고, 법원은 이 청구를 받아들여 판매를 재개하게 되었다. 이 결정은 자사의 미국 판매가 재개된다는 의미이고, 사업적인 측면에서 위험이 대폭 경감된 것을 의미하므로 향후 전개될 소송에도 자사와 셀이 유리한 고지를 점하게 되었다.

결과적으로 재판은 2년 이상 계속되었고 판사의 중재로 원고와 피고인 셀은 합의를 통해 사건을 종결하기로 했다.

유리한 위치를 차지하고 협상으로 마무리하다

미국 수입상인 셀과 자사는 원고의 잘못한 점과 나쁜 의도를 정확하게 공략하는 전략과, 판매금지 가처분에 대한 취소의 소를 승소한 것으로 본 소송에 유리한 위치를 점령했다. 이 사실을 바탕으로 협상을 유리하게 이끌어 합의로 소를 마감했다. 미국에서의 소송은 소환장이 발부된 후 수개월 동안 재판 이전의 여러 절차를 거치게 되는데, 제기된 소송의 대략 75%가량이 재판 과정을 거치지 않고 이 기간 동안에 종결된다고 한다.

미국에서 법적 분쟁이 발생한다면, 대부분의 소송은 정식 재판 전 또는 진행 중에 합의로 종결되므로 좋은 변호사를 선임하고 소송 전략을 잘 수립해 당당하게 맞서야 하며, 소송을 미국 사업을 진행하는 데 발생하는 사업의 일부분으로 인식해야 한다. 또한 자사의 경우는 셸과 공동으로 소송에 대응하며 쌓은 신뢰가 사업으로 연결되었다. 셸의 적극적인 마케팅 및 영업 활동으로 매출액이 3년간 2배 이상 증가하는 성공적인 비즈니스로 성장하는 성과를 이룩했다. 즉, 소송을 사업의 일부분으로 인식하고 소송을 공동 대응함으로써 회사 간의 신뢰를 공고히 해 사업 확장으로 연결하는 데 성공했다.

글로벌 기업과 제휴해서
글로벌 브랜드 인지도를 높이다

상품을 개발하고 판매하기 전에 브랜드 전략을 수립하라

사업을 성공시키고 사업을 영속하기 위해 반드시 필요한 것이 무엇인가? 가장 중요한 것은 물론 매출과 이익 창출이다. 매출과 이익을 창출하기 위해서는 좋은 품질은 물론, 시장 내 어떤 플레이어보다 '차별적인 제품과 서비스'를 갖춰야 한다는 기본 전제가 필요하다. 차별화된 제품과 서비스가 있어야만 매출과 이익 창출이라는 목표를 향해 출발선에 설 수 있는 것이다. 하지만 대다수의 기업체는 사업을 시작하고 첫 상품을 출시하고 얼마 후 저조한 매출과 낮은 시장 인지도에 절망감을 느끼기 시작한다. 이 딜레마를 극복하는 가장 유력한 돌파구가 바로 브랜딩이다.

브랜드 아이덴티티(Brand Identity)는 시장 내의 다른 제품이나 서비스에 비해 우리만이 갖는 차별화 요인이자 모든 사업 및 브랜드 활동의 근간이 되는 브랜드의 결정체라고 할 수 있다. 우리가 이 브랜드를 왜 만들었으며, 이 브랜드가 나아갈 방향이 무엇인지, 그것을 만든 우리는 누구인지를 구체적으로 표현한 개념이다.

- 우승우·차상우, 《창업가의 브랜딩》, 북스톤, 2017

여기서는 해외 수출액도 미미하고 시장을 선점하던 일본의 타니타(TANITA)와 유럽 회사들의 제품에 비해 브랜드 인지도(Brand Awareness)도 현저히 낮았던 한국 중소기업 제품의 체성분분석기를 내가 어떤 방법으로 글로벌 브랜드 인지도를 높여서 지속적으로 매출을 성장시켰는지 그 이야기를 하려고 한다.

시장에 새로운 가치를 부여하다

체성분분석기가 나오기 전까지는 체중계로 사람들의 비만 여부를 측정해 진단했다. 기존 체중계의 맹점은 신장과 체중이 동일한 두 사람을 단순 키와 몸무게 수치만 놓고 비만 여부를 측정했다는 점이다. 똑같이 신장 170cm에 체중 70kg인 두 사람이 있다 하더라도 운동으로 다져져 근육량이 많은 사람과 근육량 없이 살로만 이루어진 사람은 다르다. 전자는 비만이 아닌 건강한 체형에 속하고, 후자는 허약 체질에 비만군에 속하기 때문이다. 기존의 체중계는 이 같은 체성분의 차이를 전혀 구별하지 못했다. 그러나 체성분분석기가 체지방량과 근육량을 측정하면서부터 비만·건강 정도를 측정해 분석할 수 있게 되었다. 이에 따라 병원에서는 체성분 분석 및 변화량 분석으로 개인의 건강 정도를 진단할 수 있게 되었고, 헬스클럽에서는 운동을 통해 근육량이 늘고 체지방량이 줄어든 결과로 운동 효과를 진단할 수 있게 되었다. 즉, 체성분분석기가 곧 건강과 비만 관리의 필수 측정장비가 된 것이다.

인간의 삶이 풍요로워지고 수명이 늘어나 고령화 사회에 진입하면서 비만 인구는 지속적으로 늘고 있고, WHO(세계보건기구)는 비만을 심각한 질병으로 분류하기 시작했다. 비만 환자가 늘고 건강에 대한 관심도가 증가할수록 체성분분석기 시장은 지속적인 성장이 예상되는 블루오션 마켓이다. 나는 이런 시장 상황의 변화에 발맞춰서 체지방률과 근육량을 측정하는 제품으로 체중계 시장에 새로운 가치를 부여하고, 이 가치를 브랜드 이미지화해서 고객에게 전달하려고 했다. 브랜드 이미지화를 위해 내가 실행한 방법은 다음과 같다.

글로벌 브랜드 인지도를 확대하기 위한 작업

자사는 중소기업이어서 글로벌 브랜드 인지도를 확대하는 데에 한계가 있었다. 그래서 먼저 자사 제품의 브랜드 아이덴티티를 확립하고 구축하기 위해 다음과 같은 일을 진행했다.

첫 번째, 세계 최고의 품질과 정확도를 가진 체성분분석기라는 브랜드 이미지를 구축하기 위해 미국과 이탈리아의 저명한 체성분 분석 연구 교수에 의뢰해서 체지방률을 측정하는 장비 중 제일 정확하다고 알려진 GE 헬스케어 루나(Healthcare Lunar)의 이중에너지 X선 흡수계(DEXA)의 측정값과 자사의 측정값의 높은 상관계수를 증명한 연구 논문을 발표하게 해서 생체 전기저항 분석장비 중 최고로 정확한 장비임을 증명했다.

두 번째, 세계 최초 부위별 직접 임피던스 측정과 다주파수 측정을 함께 구현해 기존 생체전기저항분석(BIA)으로는 불가능했던 측정의 정확도와 재현도를 가능하게 했다. 따라서 남들이 따라 할 수 없는 차별적 기술을 브랜드 아이덴티티로 제시했다.

기존에 시장을 선점하던 일본의 타니타와 유럽의 회사들 또한 자사 장비의 정확도와 BIA 장비의 필요성 및 편리성 등을 서로 주장하고 시장에서 제품을 판매하고 있었기 때문에 한국의 신생 중소기업으로 자사 제품이 '측정 장비로서 최고로 정확한 BIA 장비'라는 브랜드 인지도를 타사와 차별화하기가 어려웠다. 나는 시장을 선점한 업체 제품들과 차별화해 정확도가 높은 제품이라는 점을 홍보하는 행위와 사용하는 고객들이 정확한 제품으로 감성적으로 느낄 수 있게 하는 것은 또 다른 문제이고, 이 문제를 해결해야만 글로벌 선두 기업이 될 수 있다고 판단하고 있었다. 이 시점에 GE 헬스케어와 만나게 되었다.

글로벌 선도 기업과의 사업 제휴가 가져온 효과

GE 헬스케어의 진단사업부는 타 회사의 진단기기 사업을 흡수하거나 제휴해서 빠르게 사업을 확장하고 있었고, 시장을 선점하고 있던 골밀도 및 체성분을 분석하는 이중에너지 X선 흡수계와 유사하면서도 상대적으로 가격이 저렴한 체성분 분석기 시장에도 진출 가능성을 검토하고 있었다. 나는 GE 헬스케어 루나 사업부와 사업 제휴를 통해 자사의 제품을 GE에 판매할 수 있다고 판단하고 GE 본사와 한국 지사의 담당자들을 대상으로 영업을 추진했다.

당시는 마침 한국과 중국의 의료용 진단장비 시장이 빠르게 성장하고 있었고 체성분분석기 시장 또한 비만 인구 증가로 빠르게 성장하고 있었으므로, 자사 제품의 성능과 GE의 브랜드 파워, 영업력이 결합된다면 글로벌 시장을 선도하는 제품이 될 것을 확신했고 이 점을 중점적으로 설득했다.

GE는 마침내 제휴를 통한 사업 타당성 여부를 검토하기로 했다. GE는 1차 제품의 성능 분석으로부터 사업 제휴 방안까지 다방면의 검토를 진행했다. 마침 루나 사업부는 위스콘신주 메디슨에 위치하고 있었고, 많은 직원이 내가 공부한 위스콘신주립대 메디슨 본교 출신이었다. 나는 GE에 방문할 때마다 연구자들과 학교 호수 근처에서 맥주를 마시며 과거 학교 생활이나 아이들 이야기를 하며 사업 이전에 인간적인 유대관계를 형성하기 위해 노력했다. 마침내 제품에 대한 평가는 무사히 통과했고 사업 모델을 협의하기 시작했다.

사업 모델은 OEM 공급(안)과 자사 기존 제품을 북미 시장에 당사 브랜드로 판매하는 2가지 방안을 동시에 검토했다. 사사의 입장에서 볼 때 첫 번째 방안인 OEM 공급안은 매출은 빠르게 증가하는 반면 당사의 브랜드 인지도를 높이는 데는 효과가 없을 것으로 판단했다. 두 번째 방안인 GE 헬스케어가 북미 시장에서 자사의 브랜드 제품을 GE 헬스케어 전시장에 전시하고 판매하는 경우는 자사 제품의 정확성이 곧 GE DEXA와 유사하다는 것을 나타낸다는 점, 글로벌 선도 기업이 인정한 제품이라는 점 등의 엄청난 홍보 효과를 누릴 수 있으므로 장기적으로 자사의 글로벌 브랜드 인지도를 획기적으로 높일 수 있을 것으로 판단했다.

GE 또한 빠른 사업의 진행을 선호했다. OEM 사업을 추진하기 위해서는 신규로 체성분분석기를 OEM용으로 개발하고, 미국식품의약국 FDA(US Food & Drug Administration) 승인을 취득하고 론칭해야 하므로 최소 3년 이상의 기간이 소요되기 때문에 기존에 개발이 완료되고 FDA 승인을 기취득한 장비를 공동 판매하는 안을 선호했다. 드디어 1년간의 검증과 협의를 마치고 미국 주요 신문에 공동 사업을 진행한다는 기사가 게재되었다.

글로벌 브랜드 인지도를 높여 세계 시장에서 성장하다

자사에서는 곧바로 전 세계 대리점에 관련 기사를 각 지사의 홈페이지에 동시에 게재하도록 하고, '의료진단기기 글로벌 선도 기업, DEXA를 판매하는 GE 헬스케어가 우리의 체성분분석기를 선택하다'는 콘셉트로 고객들에게 이 기사를 적극 홍보하게 했다. 그 당시 해외 매출액이 50억 원 미만이었기 때문에 당사 제품의 차별적 성능과 브랜드 이미지를 어떻게 높이고 장기적인 성장을 이룩할 것인지에 대한 고민이 많았고 중소기업으로서 한계를 느끼고 있던 상황에서 브랜드 선도 기업과의 사업 제휴로 글로벌 브랜드 인지도를 획기적으로 높이는 계기가되었다. 그 결과 해외 매출액은 50억 원 미만에서 3년 후 두 배로 증가했다.

그 후로도 자사 제품은 세계에서 최고로 정확한 체성분분석기라는 브랜드 이미지로 고객에게 감성적으로 각인되었고, 이로써 자사가 세계 시장에서 지속적인 성장을 이룰 수 있는 계기가되었다.

신시장으로 시장을 확장하자

노키아의 몰락과 급격한 회복에서 배우다

삼성전자의 스마트폰 사업의 성공에 대해 이야기할 때 항상 같이 비교되는 기업이 있다. 핀란드의 노키아이다. 노키아는 1998년 휴대폰 1위 기업이 되었고 2010년 초까지 전 세계 휴대전화 시장의 선두 기업으로 핀란드 IT 기업의 상징이었다. 모든 제품이 그렇듯이 휴대전화 역시 개발기, 도입기, 성장기를 거쳐 쇠퇴기로 진입하고 있었다. 그러나 노키아는 이때 스마트폰을 먼저 개발하고도 그 당시 시장을 주도하고 있는 휴대폰 사업의 성공에 만족하고 시대의 변화를 읽지 못해 상품화 시기를 놓치고 말았다.

2007년 애플의 아이폰 출시와 뒤이은 삼성전자의 갤럭시 출시로 휴대전화는 스마트폰으로 빠르게 전환되었고, 노키아는 급속하게 시장을 잃어버리고 2012년 삼성전자에 선두 기업의 자리를 내주고 기업 가치의 90%를 잃어버렸다. 세상이 빠르게 디지털화되고 있고, 디지털 정보가 장소와 시간의 제약이 없는 초연결 사회로 진입하는 시대의 흐름을 놓친 것이다. 회사가 잘 나갈 때 신제품과 신시장을 개척하지 않고 성공에 만족할 경우 화려한 성공 뒤에 얼마나 빨리 회사가 몰락하는지를 보여주는 사례이다.

그러나 노키아는 급격한 몰락 뒤에 또다시 발 빠른 혁신으로 다시 세계 시장의 선두 대열에 서게 되었다. 바로 위기를 맞이해 기존의 핵심 사업인 휴대폰 사업을 마이크로소프트에 매각하고 노키아지멘스네트웍스의 소유권을 지멘스로부터 완전하게 매입하고 회사의 가용자원을 모두 모아 알카텔-루슨트를 176억 유로에 인수해 통신 인프라 기업으로 성공적으로 변신한 것이다. 그 결과 노키아는 현재 화웨이, 에릭슨, 삼성전자와 함께 시장의 선두 기업이 되었다. 2017년에는 오랜 적자를 극복하고 흑자 전환에 성공했다. 무선통신사업을 업으로 선택하고 이 분야에 집중해 새로운 시장에서 성공의 기회를 잡은 것이다.

노키아는 회사가 매출이 감소하거나 정체로 어려울 때 선택과 집중을 통해 신사업을 성공으로 이끌어 화려한 부활을 보여준 사례이기도 하다. 제한된 자원을 갖은 기업이라면 미래의 시장 흐름을 정확하게 파악해 선택과 집중으로 신제품을 개발하고 신시장에 진입해서 미래의 발전과 성공을 추구해야 한다.

건설중장비 신시장으로 시장을 확장시킨 사례

나는 2018년 국내 대형 형단조 회사의 CEO로 부임한 후, 회사를 진단하는 일로 업무를 시작했다. 회사의 주력 제품은 상용차 부품인 앞차 축(Front Axel), 크랭크 축(Crank Shaft)과 선박 엔진 부품인 커넥팅 로드(Connecting Rod)였다. 자사는 매출의 50%가 넘는 상용차 부품의 경우 과거 수십 년간 독점적으로 국내 자동차 회사들에 공급하고 있었고, 국내 SOC(Social Overhead Capital, 사회간접자본) 사업이 한창일 때는 공급이 수요를 따라가지 못할 정도로 호황을 누릴 때도 있었다. 하지만 SOC 사업이 줄기 시작하고 대형 건설 사업이 줄면서 시장 규모가 축소되기 시작했다. 이에 따라 과거 10년간 시장의 규모는 50% 감소했고 자사의 매출도 그에 비례해 50%가 감소했다.

선박 엔진도 유사한 상황이었다. 세계 조선 물량이 많고 선박의 수요가 증가할 때, 일본을 따돌리고 한국이 세계 1위의 선박 수주와 건조를 할 때는 생산이 공급을 못 따라가는 시절도 있었지만, 선박이 대형화되고 수주 물량이 감소하기 시작했다. 과거 10년간 자사의 선박 엔진 부품의 매출도 50%로 감소했다.

매출이 증가하고 이익이 증가하는 호시절에 위기를 대비해 신제품과 신시장을 개척해야 했다. 하지만 큰 노력 없이 독점적 위치에서 자동차 회사와 선박 엔진 회사가 요청하는 제품을 개발하고 공급하는 데 만족해서 시장 수요가 근본적으로 줄어들고 있는 시장의 변화를 예측하지 못했고 어려운 상황이 닥쳤음에도

이 상황을 담대하게 해결하기 위한 신제품 개발 및 신시장 개척
에 소홀했다.

새로운 시장의 조건

직원들과 함께 새로운 시장을 개척하기로 하고 우선적으로
새로운 제품의 조건을 설정했다. 첫 번째, 자사의 기술과 장비로
제품을 개발할 수 있고 타사보다 우위에 있는 차별점이 있어야
한다. 두 번째, 시장 규모가 크고 전 세계를 대상으로 판매할 수
있어야 한다. 세 번째, 향후 10년간 시장이 지속적으로 성장해야
한다. 네 번째, 더 이상 단조 제품이 아닌 완성 부품을 제조, 판매
해 부가가치를 높이고 수익률을 높여야 한다.

내가 검토한 결과 농기계, 광산용 장비를 포함한 건설중장비
부품이 위의 조건에 부합했다. 이렇게 판단한 근거는 4가지였다.

첫 번째, 건설중장비 부품 중 많은 부품이 대형 형단조로 제조
할 수 있고 40여 년의 업력에 기반한 자사의 기술력과 대형 설비
를 보유한 면에서 경쟁력이 있다고 판단했다.

두 번째, 미국, 일본, 유럽의 선도업체들을 위시해 각 국가별
로 많은 건설중장비 회사들이 있어서 다수의 수요처를 발굴할
수 있다고 판단했다.

세 번째, 전 세계 시장 규모가 크고 전 세계 도시가 지속적으
로 재개발되고 있어서 연 5% 이상의 성장이 예측되어 조건에 부
합했다.

네 번째, 대형 형단조의 강점을 바탕으로 완성 부품도 충분히 제조할 수 있다고 판단했다. 자사가 약하거나 갖고 있지 않은 일부 공정은 협력업체를 발굴해 보완하는 개방형 혁신 전략을 추구하기로 했다.

건설중장비 시장을 개척하다

신시장을 개척하기로 결정한 뒤 우리는 곧 미국, 일본, 유럽의 메이저 건설중장비업체를 대상으로 적극적인 영업을 개시했다. 관련 정보를 건설중장비업체의 본사, 한국 지사, 아시아 구매 본부, 기존 거래 업체를 통해 취득했고 코트라(KOTRA, 대한무역투자진흥공사)의 지사화 사업을 통해서도 취득했다. 이후에는 취득한 정보를 기반으로 당사에서 제조할 수 있고 기존 업체보다 경쟁력이 있다고 판단되는 제품을 선별해 제안서를 작성하고 온라인 및 오프라인 영업을 추진했다.

시기적으로도 미국 내 특수강의 가격과 단조 제품의 가격이 상승기에 있어서 추가 구매 업체를 선정해 원가를 절감하려는 상황이었고, 일본에서는 잦은 자연재해로 부품 공급이 중단되는 상황이 여러 번 발생하자 복수의 공급처를 확보하려는 정책을 채택하는 업체가 증가하고 있어서 새로이 시장에 진출하려고 하는 자사에는 기회가 되었다. 미국과 일본 시장에서 기회를 발견한 즉시 적극적인 영업을 했고 영업을 시작한 지 3년 이내에 다음과 같은 성공 사례를 개척했다.

건설중장비 시장에서 세계 1위의 시장점유율을 갖고 있는 미국 건설중장비업체에는 불도저(Dozer)에 사용되는 엔드 비트류를 수주해 개발하고 납품하게 되었다. 엔드 비트는 OE(Original Equipment)로도 판매될 뿐만 아니라 마모성 부품으로 애프터 마켓 시장도 크기 때문에 OE 판매가 저조한 시기에는 애프터 마켓 시장에 판매해서 매출액의 변동성도 낮출 수 있어 시장 사이클에 관계없이 안정적인 매출이 기대되는 제품이다. 제품 개발 중에 당사에서 수행하기 어려운 열처리, 도장 등의 공정은 외부 협력업체를 발굴해 외주 공정으로 개발을 완료했다.

　　또 다른 미국 건설중장비업체에는 굴삭기(Excavator)의 관절 부분인 보스류 다수를 순차적으로 수주, 개발, 납품하게 되었다. 당사에서 작업하기 어려운 특수 도금과 용접 공정은 전문 업체를 발굴해 신규 투자 없이 외주 처리했다. 또한 일본 건설중장비업체에는 스프로킷과 아이들러 류를 수주해 개발, 납품했다.

　　미국과 일본의 글로벌 선도업체로부터 건설중장비 부품을 수주해 성공적으로 납품했고 새로운 시장에 성공적으로 진입하게 되었다. 이러한 납품 경험은 동 업체들을 대상으로 다른 부품 영업뿐만 아니라 타 건설중장비업체에 영업을 추진할 때 좋은 참조 사례(Reference)이기 때문에 추가적인 수주와 매출이 가능해졌다.

현재 사업의 위기를 신제품 개척으로 타개하다

회사가 잘 나갈 때 위기를 예측하고 신제품을 개발하고 신시장을 개척하지는 못했지만, 핀란드의 노키아와 마찬가지로 회사의 위기 상황에서 건설중장비 부품이라는 신시장을 선택하고 집중을 통해 3년 이내에 신시장을 개척하고 회사의 업을 단조업에서 건설중장비 부품업으로 비꿔서 부가가치를 높이고 내수 위주의 매출을 다수의 세계 선도업체를 대상으로 한 해외 수출로 전환했다. 건설중장비 부품 시장에 내디딘 첫발을 디딤돌 삼아서 많은 제품이 성공적으로 전 세계 건설중장비업체에 납품되어 팔리는 날을 기대해본다.

개방형 혁신으로 외부와 협력하고 신제품을 개발하라

개방형 혁신은 왜 필요한가?

개방형 혁신의 선도 기업으로는 P&G(Procter & Gamble)가 많이 거론된다.

P&G는 1999년 이후 C&D(Connect & Development) 방법을 통해 개방형 혁신을 추구해왔다. 1990년대 후반에는 기술 혁신에 필요한 지식이 복잡해지고 기술 개발 및 신제품 출시 속도가 점차 중시되어 갔다. 이러한 상황에서 P&G 내부 연구원들의 기술적 아이디어가 점차 고갈되어 신제품 출시가 둔화되면서 경영 성과가 점차 악화되었다. P&G는 전통적인 폐쇄형 혁신 시스템을 개방형 혁신 시스템으로 변화시키기로 결정하고 혁신적인 아이디어를 확보하기 위해 외부 조직에까지 기술과 아이디어 발굴 대상을 확대하도록 강조했다. 2000년

당시 15퍼센트 정도에 불과했던 외부 아이디어와 기술 기반 혁신 제
품의 비중을 50퍼센트까지 끌어올리는 데 목표를 두었다. P&G는 개
방형 혁신을 통해 신제품 출시 속도를 높이고 경영 성과를 개선하는
데 성공했다.

- 신동형·송재용,《이노베이션 3.0》, 알키, 2011

앞의 사례에서 잘 나타나듯이 지식 기반의 다양성과 개방성
은 창조적 혁신을 촉진시킨다. 여기에서 이야기하는 개방형 혁
신은 무엇이고, 왜 지금 기업은 개방형 혁신에 주목해야 하는가?
개방형 혁신은 기업 내부뿐만 아니라, 외부 아이디어와 연구
개발(R&D) 자원을 함께 활용해 기술을 발전시킬 수 있다는 혁신
이론이다. 이에 반해 폐쇄형 혁신은 필요한 기술과 아이디어를
기업 내부에서 직접 개발하는 방법을 의미한다. 현재와 같이 기
술과 산업의 발전이 빠른 초연결 사회에서는 기업 내부의 인력,
자원, 기술만을 갖고 신제품을 개발하고 상업화를 추진해서는
시장의 발전 속도를 쫓아갈 수 없다. 기업 내부든 외부든 그 출처
와 상관없이 필요한 기술과 아이디어를 발굴해 활용해야 한다.
개방형 혁신은 폐쇄형 혁신에 비해서 기술 개발과 사업화 기
간을 단축할 수 있고, 개발 비용을 절감할 수 있다. 또한 외부의
새로운 기술 또는 외부업체와의 협력을 통해 더 좋은 제품을 개
발할 수 있어서 매출 확대에도 큰 장점이 있다. 그럼 이 같은 개
방형 혁신은 어떤 과정을 거쳐 신제품 개발과 사업화에 기여할

수 있었을까? 내가 제품 개발에 적용한 과정을 차례대로 살펴보
도록 하자.

신제품 개발을 회사 내부의 자원만으로는 할 수 없는 상황

회사는 2010년 이후 주 생산 제품을 납품하는 상
용차 산업과 조선 산업이 장기간 침체되어 있어서 매출액이 감
소하고 적자 상태가 지속되고 있었다. 이로 인해 신제품을 개발
하고 신사업을 추진하기 위한 자금이 부족했고, 내부적으로 신
기술과 신제품을 개발할 인력이 부족하고 추진할 의지가 부족한
상황이었다. 나는 회사가 갖고 있는 제품 포트폴리오로는 회사
의 성장이 어렵다고 판단했다. 단조업만으로는 고객에 제공하는
부가가치를 높일 수 없는 데다 수익성도 낮으므로 새로운 산업
에 진입해 신제품을 개발해야 한다고 판단했던 것이다. 그렇게
판단한 뒤 내가 적용한 방법은 3가지였다.

첫 번째, 자사의 특수강 관련 단조, 열처리 기술과 경험, 설비
의 장점을 활용하여 다른 산업에서 신제품을 개발한다는 사업목
표를 수립하고, 할 수 있다는 자신감을 직원들이 가질 수 있도록
비전과 희망을 제시했다. 전사가 한마음으로 할 수 있다는 자신
감을 갖는 것이 제일 중요하다고 판단했기 때문이다.

두 번째, 자사가 잘할 수 있는 단조 이외에 제품을 개발하는
모든 기술과 공정을 내부와 외부를 비교해 기술, 품질, 원가 면

에서 비교 우위가 있는 곳에서 개발을 하기로 했다.

세 번째, 기술 개발과 생산 공정에 큰 투자가 수반되는 부분은 외부업체와 공동으로 개발하기로 했다. 회사는 공정관리와 품질관리, 외부업체와의 협력을 통한 공동 개발 및 생산관리를 진행하기로 했다.

이렇게 결정한 이유는 오랜 기간 완성 부품을 개발한 경험이 없었기 때문에 신제품 개발을 할 경우 내부 인력과 기술로는 개발이 어려웠고, 또 공정별로 외부 전문 업체와 공동 개발해서 성공의 가능성을 높이고 개발 기간을 획기적으로 단축할 수 있었기 때문이다. 회사는 개방형 혁신을 활용한 첫 제품으로 미국 건설중장비업체의 엔드 비트를 개발해 생산했고, 성공적으로 사업화할 수 있었다. 사업화하는 과정은 다음과 같이 단계적으로 시행되었다.

개방형 혁신을 통해 엔드 비트를 개발하다

나는 먼저 개방형 혁신을 적극적으로 추진하기 위해 전담 조직을 구성했다. 기존의 구매 업무를 전담하는 구매부를 구매 개발부로 전환하여 신제품 개발에 필요한 기술의 확보를 비롯해서, 기술과 원가 경쟁력을 보유한 외부업체의 개발과 공동 사업을 전담하도록 했다. 그리고 자사의 장점인 단조 공정을 제외한 전 공정을 적극적으로 외부업체를 통해 개발하기로 원칙을 정했다. 조직장으로는 신사업 추진에 대한 의지와 능력이 있는 구매부 부장을 총괄 부장으로 승진시키고 추진을 주도하게 했다. 도전 정신을 강조했고 실패할 경우 내가 최종 결정권자로서 책임을 질 것이니 소신껏 업무를 추진하도록 독려했다. 또한 외부업체와 협력을 추진할 때 협력업체와 자사 모두 윈윈할 수 있도록 배려하고 믿음을 기반으로 계약과 수익 배분을 공정하게 하도록 원칙을 정했다.

엔드 비트의 개발은 엔드 비트 전용 특수강 소재 개발, 단조 및 프레스 작업, 열처리, 도장의 순서로 개발하고 생산 공정을 수립하는 과정을 거쳤다. 전용 특수강 소재의 경우 미국 건설중장비업체에서 개발한 소재로 동사에서 정보를 제공받아 당사가 중개 업무를 담당하면서 국내 최대 특수강 회사와 소재를 공동 개발했다. 빠른 개발을 위해 건설중장비업체의 제품 총괄 부서장과 나, 그리고 국내 특수강 회사의 대표이사가 직접 작업을 지시하고 감독해 테스트로(爐)에서 소재 개발과 테스트 및 승인까지의 작업을 3개월 이내에 완료했다. 단조 및 프레스 작업은 자사에서 전담해 연구소, 생산부, 품질팀의 전문가들이 모두 합심해 개발했다.

엔드 비트는 제품의 형태가 마름모꼴이고 두께도 부위별로 일정하지 않았다. 또한 길이가 1미터가 넘는 제품이 많고 무게 또한 100kg이 넘어 단조하는 데 많이 어려웠고 볼트를 체결하는 홀을 뚫는 작업도 난이도가 매우 높았지만 국내 최고의 기술과 경험을 보유한 직원들의 땀과 노력으로 많은 어려움을 극복하고 성공적으로 개발을 완료할 수 있었다.

열처리 공정 또한 제품의 경도가 매우 높고 제품의 두께와 사이즈가 크고 중량도 무거워 합금강의 조직을 균일하게 만들고 경도를 높이는 열처리 공정이 매우 어려웠다. 자사도 열처리로(爐)를 2개 보유해 운영하고 있어서 전문 업체로 자부심을 갖고 있었지만, 자사와 다른 열처리 방식을 적용해 품질을 높이기로 결정했고 외부 전문 업체를 발굴하기 위해 노력했다.

경상도 지역에는 동 제품에 대한 열처리를 잘할 수 있는 업체가 없어서 고심을 하던 중 코트라를 통해 경인 지역의 전문 업체를 발굴해 자사의 기술과 테스트 결과를 갖고 공동으로 개발에 성공했다.

마지막으로 도장 작업이 남았는데 이 작업도 쉽지 않았다. 제품의 사이즈가 크고 중량이 무거워 자동 연속 공정으로 도장과 건조를 할 수 있는 업체를 발굴하기 어려웠다. 조선 부품의 사이즈가 큰 데 착안해 조선 부품을 도장하는 업체를 발굴해 같이 도장과 테스트의 과정을 반복해 건설중장비업체의 까다로운 도장 조건을 만족시킬 수 있었다. 단조 이외의 전 공정의 개발을 외부 업체와 협력해서 공동으로 개발 완료했고 성공적으로 판매 및 사업화에 성공했다.

성공 요인은 품질, 가격, 속도

나는 사업 성공의 지름길은 폐쇄적 혁신이 아닌 개방된 혁신을 통해 더 좋은 제품, 더 저렴한 제품을 누구보다도 빨리 개발하는 데 있다고 확신한다. 따라서 자사보다 더 좋은 기술, 설비, 경험을 가진 외부 회사를 찾아 개방형 혁신을 꾀하는 일이 필수적이다. 당시 자사 내부에도 열처리, 가공, 도장 설비가 다 갖춰져 있었고 연구 및 생산 분야의 전문가도 있었다. 하지만 나는 세계 선도 기업에 제품을 납품하기 위해서는 높은 품질과 낮은 원가를 실현해야 한다고 믿었고, 폐쇄된 혁신이 아닌 개방된 혁신을 통해 사업화하는 데 성공했다. 결론적으로 개방된 혁신을 통해 경쟁사보다 더 빨리 고객을 선점하고 시장을 선점할 수 있었다.

디테일로 승부하자

자사 브랜드 제품의 확장 기회를 기다리다

자사는 제조원가 경쟁력과 철저한 품질관리, 납기 준수를 통해 OEM 위주로 제품을 개발해 미국에는 '레인-X(Rain-X)' 브랜드로 셸에, '레이니 데이' 브랜드로 페더럴 모굴에, 캐나다에는 '리플렉스' 브랜드로 캐나디안타이어에 OEM 공급을 하고 있었다. 하지만 OEM 사업만을 가지고 사업을 확장시킬 경우 브랜드와 유통망을 갖고 있는 바이어가 구매처를 변경하면 회사가 큰 위기에 직면할 수 있었으므로 구매처 변경에 대한 위기감을 늘 갖고 있었다.

그러던 중 이마트에서 중소기업을 대상으로 제품 콘테스트를 거쳐 이마트에 입점할 신규 제품을 선정해 판매하겠다는 중소기업 지원 정책을 발표했다. 나는 이 정보를 듣자마자 즉각 이마트 구매팀에 이 정책을 자세히 문의했다. 그 결과 전년도에도 동일한 콘테스트를 진행해서 몇 개의 제품을 선정했고 이 제품들이 이마트에서 판매되고 있다는 내용을 확인할 수 있었다.

당시 이마트에는 국내 와이퍼 제조업체로 경장와이퍼, 캐프가 납품 및 판매를 하고 있었고, 자동차 전문 유통업체로 카렉스가 제품을 판매하고 있었다. 그 외 보쉬 등 외산 브랜드 제품이 일부 판매되고 있었다.

자사는 그 당시 회사가 법정관리를 벗어난 지 얼마 되지 않아 정상적인 평가로는 이마트에 납품하기 쉽지 않은 상황이었다. 하지만 콘테스트의 내용과 선정 방법을 확인해 보니 제품 평가를 위해 주부 평가단이 구성되고 평가단이 이미 정해진 평가 항목표에 의거해 객관적인 평가를 해서 결정한다는 사실을 확인할 수 있었다. 그 사실을 알자마자 나는 드디어 오랜 기다림 끝에 기회가 왔다고 판단했고, 자사 상표로 이마트에 진입할 수 있다는 확신을 가지게 되었다. 나는 곧 평가 항목에 맞춰 세심하고 디테일한 준비를 했다. 당시 내가 이를 위해 준비한 내용과 과정은 다음과 같다.

디테일한 준비로 이마트 우수 제품으로 선정되다

나는 가장 먼저 평가 방법과 절차, 그리고 평가 항목에 대한 정보를 수집하기로 했다. 어렵게 이마트에 근무하는 지인을 수소문해 접촉해서 전년도 평가 항목에 대한 정보를 얻었다. 정보에 의하면 이마트는 주부들로 평가단을 구성하고 평가표를 제공해 주부, 소비자의 시각에서 항목별로 평가를 해 상위의 종합점수를 획득한 업체 순으로 결정한다고 했다.

두 번째로 '고객은 누구인가?'에 집중했다. 무엇보다 주부, 소비자가 평가를 실시한다는 데 주목했다. 주부는 어떤 제품을 선호할지, 제품을 구매할 때 어떤 어려움이 있을지, 바라는 사항은 무엇일지에 대해 검토했다. 그리고 평가표 평가 항목별로 주부의 눈높이에서 이해하기 쉽도록 필요한 서류, 제품, 설명 자료 등을 준비했다. 기술적인 설명보다는 회사, 제품, 수출실적, 품질, A/S 등에 대한 정보를 시각적으로 한 번에 보고 확인할 수 있게 준비했다.

내가 준비한 내용은 다음과 같다.

생산 공정 설명

제품 개발, 재료 구매, 생산 공정, 포장, 딜리버리(Delivery) 전 과정에 대한 설명서를 준비해 회사의 제조 설비, 생산 능력, 인력 현황 등을 설명서로 만들어 회사에 대한 신뢰감을 심어주고 제품 공정을 이해하게 했다.

실적 평가 자료

자사가 강점을 가지고 있는 수출 위주의 실적을 준비했다. 특히 글로벌 업체인 셸, 캐나디안타이어, 페더럴 모굴에 대한 납품 실적과 동 업체들에 대한 매출액과 시장점유율 자료를 준비했다.

제품 준비

자사가 북미 시장에 OEM 방식으로 판매하고 있는 북미 시장 시장점유율 1, 2위의 제품인 셸의 레인-X 상표 제품과 페더럴 모굴의 레이니 데이 상표의 제품을 전시해 제품 신뢰도를 높였다.

품질 평가 자료

시각적으로 와이퍼의 닦기 품질과 고무, 프레임의 우수성을 알리기 위해 시험성적서뿐만 아니라 물을 자동차 전면 유리에 분무 처리하면서 닦는 장면을 촬영해 비디오로 상영했다. 우수한 닦기 성능을 한눈에 보고 평가할 수 있게 준비했다.

사용 편리성

주부(소비자) 입장에서 편하게 사용하려면 와이퍼를 자동차에 쉽게 장착할 수 있어야 한다. 이 점에 착안해 자사가 보유하고 있는 체결 편리성을 강화한 와이퍼 어댑터 관련 특허 서류와, 장착 방법을 설명하는 도식화된 그림으로 설명서를 준비해 여자도 쉽게 자동차 암에 와이퍼를 체결할 수 있다는 편리성을 부각했다.

시각적 효과 강조

모든 제품과 자료는 목차별로 설명 자료를 만들고 전단지, 비디오 상영, 실제 제품 전시 등을 통해 제품을 모르는 주부도 쉽게 시각적으로 이해할 수 있게 준비했다.

기술 자료 준비

어댑터 및 다수 특허증(特許證)과 당사의 장점인 제품 디자인, 체결 어댑터, 도장 장비 및 품질에 대한 기술 자료를 알기 쉽게 정리하고 첨부 자료를 준비했다.

A/S 절차

소비자 입장에서 가장 중요시하는 것 중의 하나가 품질 문제 발생 시 A/S 처리 절차이므로 나는 교환 및 환불을 포함한 철저한 A/S 대응 시스템을 문서로 작성하고 평가단에 설명했다.

세 번째로 주부평가단을 맞이할 자사의 직원을 엄선해 선발했다. 나를 포함해 직원 중 가장 젊고 잘생긴 직원들로 선정해서 주부평가단에게 좋은 이미지를 주면서 설명을 조리 있게 할 수 있는 직원을 영업 직원 위주로 선발하고 사전에 예행연습을 하는 등 정말로 열과 정성을 다해 세세하게 준비했다.

결론적으로 평가 항목별로 최고의 점수를 획득할 수 있게 철저하게 준비했고, 주부평가단의 눈높이에 맞게 제품, 서류, 비디오를 준비했다. 설명도 주부의 입장에서 쉽게 이해하고 평가할 수 있도록 준비해서 나는 우수한 성적으로 이마트 입점업체로 선정될 것을 확신했다. 나의 예상과 같이 우수한 성적으로 선정되어 드디어 바라던 자사 브랜드의 제품이 이마트에서 판매되게 되었다. 회사의 법정관리 신청 및 매각 등 우여곡절을 겪은 직원 모두에게 벅찬 감동과 자부심을 갖게 하는 성공적인 이마트 입점이었다.

디테일한 기획과 빠른 실행으로 기회를 포착하자

회사는 장점을 갖고 있고 잘할 수 있는 제품, 사업에 집중을 해서 매출과 이익을 창출해야 한다. 그리고 새로운 사업의 진출이나 새로운 시장의 진입을 원한다면 참고 기다리며 기회를 포착해야 한다. 이마트가 신규 공급업체를 공식적으로 평가해 선정하는 행사는 모든 중소기업에게 동일하게 기회가 제공된 것이었다. 하지만 이 행사를 기회로 인식하고 성공적으로 선정, 납품, 매출을 달성하는 기업은 정말 소수의 업체였다. 이마트에 입점하기 위해 참고 기다리고 있었다면, 기회가 왔을 때 빠른 실행과 과감한 도전으로 기회를 포착하는 업체만이 성공할 수 있다. 또한 경쟁사보다 더 디테일한 기획, 더 디테일한 준비로 회사의 장점을 살려 도전을 성공으로 이끌어야 한다.

가격 정책으로 승부하다

왜 가격 정책이 중요한가?

제3차 산업혁명의 선두 기업인 마이크로소프트의 전 CEO 스티브 발머는 다음과 같이 말했다.

'가격'이라는 것은 매우, 매우 중요합니다. 그러나 나는 많은 사람이 가격을 과소평가하고 있다고 생각합니다. 여러분은 새로 설립되는 수많은 회사를 보게 될 텐데, 그중 성공하는 회사와 실패하는 회사의 유일한 차이는 바로 그들이 돈을 버는 방법을 터득했는지 여부에 달려 있습니다. 회사의 수입, 가격, 그리고 비즈니스 모델을 깊이 고심해보았느냐의 문제이죠. 나는 이 부분이 보통 경시된다고 봅니다.
- 헤르만 지몬, 《헤르만 지몬의 프라이싱》, 서종민 역, 쌤앤파커스, 2017

나는 스티브 발머가 역설한 가격의 중요성을 제대로 알고 있는 경영자가 많지 않다고 생각한다. 가격의 진정한 의미는 무엇이고, 왜 가격이 중요한 것일까?

헤르만 지몬은 또한 "가격은 고객이 제품에 대해 느끼는 가치이고, 고객이 지불할 의사가 있는 수준이다. 따라서 회사가 받을 수 있는 가격은 언제나 고객이 상품과 서비스를 보고 지각한 가치를 반영한다. 만일 고객이 더 높은 가치를 지각한다면 그 고객이 지불할 수 있는 가격은 상승한다"고 말한다.

즉, 기업은 고객이 제품에 느끼는 가치를 파악해서 가장 높은 적정 가격을 책정하고 수익을 극대화해야 한다. 기업의 수익은 가격과 판매량을 곱해 산출되며, 이익은 수익에서 원가를 차감해 산출한다. 모든 기업은 가격, 판매량, 원가 단 3가지 요소에 의해 이익을 창출한다. 나 자신의 경험으로 봤을 때 많은 경영자는 총 업무 시간의 대부분을 생산성을 향상시켜 원가를 줄이는 업무에 할애하고, 그다음으로 매출액 및 판매량을 늘리기 위해 영업 활동에 할애한다. 그리고 정말 적은 시간을 가격 결정에 투자한다. 하지만 가격은 특별한 예산을 투입하지 않고도 즉각적으로 가장 강력하게 이익에 영향을 미치는 효과를 발휘한다. 나는 2000년도 후반 체성분분석기 회사에서 가격 정책을 활용해 경쟁사와의 승부에서 이길 수 있었다. 이제부터 그 전략을 소개하겠다.

정체된 매출액, 영업이익 제로

2000년대 후반, 체성분분석기 회사의 부사장으로 취임한 직후 나는 회사의 상황을 진단하는 일로 업무를 시작했다. 체성분분석기는 인체에 미세전류를 흘렸을 때 발생하는 임피던스를 측정해 인체 성분을 정량적으로 계산하는 진단기기이다.

자사는 당시 세계 최초로 부위별 직접 임피던스 측정과 다주파수측정을 함께 구현한 체성분분석기 회사로 유명했다. 제품 개발 후 판매처를 한의원, 헬스클럽, 병원으로 확장하면서 100억 원을 초과하는 매출액을 올렸지만, 경쟁사의 출현으로 매출액이 정체되고 영업이익이 없는 상태여서 매출액과 영업이익의 증대가 필요한 상황이었다.

나는 매출액과 이익의 정체 원인을 원가 문제가 아닌 경쟁사의 적극적인 영업 활동에 따른 판매량 감소와 가격 정책의 문제로 진단했다. 조직의 개편, 제품의 솔루션 강화, 제품과 콘텐츠, 진단·처방·관리 통합솔루션 제공 패키지 상품의 도입 등 여러 가지 영업 전략을 강구했지만, 이 전략은 개발부터 판매까지 1년 이상의 기한이 소요되는 작업이었다. 하지만 가격 조정을 통한 가격 정책은 즉각적으로 시행할 수 있고 효과도 즉시 생기기 때문에 바로 실시했다.

5가지 제품별 가격 전략

체성분분석기 전체 제품에 대한 새로운 가격 정책이 가져온 효과는 매우 컸다. 신 가격 정책으로 매출액과 이익이 증대했고 경쟁사와의 경쟁에서 우위를 점하게 되었다. 당시 내가 쓴 가격 전략은 5가지이다.

첫 번째, 시장을 세분화했다

시장을 세분화해 대학병원 등 가격보다 품질을 중시하는 고가 시장, 대형 한의원과 헬스클럽 등을 대상으로 한 중가 시장, 일반 헬스클럽, 소형 병원과 한의원을 대상으로 한 저가 시장으로 분류하고 각 시장별로 차별화된 가격 정책을 실시했다.

두 번째, 제품믹스 전략을 채택했다

세분화한 시장에 맞춰 제품믹스 전략을 씀으로써 제품을 고가, 중고가, 중저가, 저가 제품으로 분류해 제품의 브랜드, 성능, 디자인, 고객이 느끼는 제품 가치에 따라 가격대별로 제품을 선택할 수 있도록 했다. 대학병원, 한의원, 헬스클럽에서 각각 책정하는 최대 예산을 반영해 고가, 중고가, 중저가, 저가 제품군별로 가격을 책정해 차별화했다.

세 번째, 프리미엄 제품 전략을 추구했다

가격보다 품질을 중시하는 대학병원 등의 고객을 대상으로 한 고가 제품의 경우 애플과 같이 프리미엄 제품 전략을 추구했다. 2000년에 삼성전자는 MP3를 애플보다 먼저 만들어 판매했지만 흥행에 실패한 반면, 애플 아이팟은 더 늦게 시장에 진입했지만 엄청난 성공을 거뒀고 이에 기반해 아이폰, 아이패드로 연결된 사업의 성공으로 현재 최고의 IT 기업이 되었다. 이 성공의 배경에는 애플의 높은 가격 정책과 함께 이를 지탱하는 높은 고객 가치를 제공했다는 데 있다. 애플은 고객 가치를 높이기 위해 강력한 브랜드, 세련된 디자인, 편리한 UI, 음원 등의 콘텐츠 제공을 포함한 통합 시스템을 제공했고, 이 통합 시스템 덕분에 높은 가격에도 막대한 판매량과 이익을 올렸다.

나는 애플과 유사하게 고객에게 높은 가치를 제공하는 프리미엄 가격 전략을 채택해 성공시켰다. 자사 프리미엄 가격 전략의 성공 요인은 고급스러운 디자인과 브랜드명, 진단기의 생명인 정확성과 높은 재현성, 세계 최초·최고라는 혁신에 근거한 기술마케팅, 고품질 및 빠른 A/S 등이었고, 일시적인 기술 우위가 아니라 장기적인 프리미엄 이미지를 형성하는 데 성공했다.

네 번째, 차별화해 포지셔닝 했다

대형 한의원과 대형 헬스클럽 등의 고객을 대상으로 한 중가 제품의 경우에는 저가와 고가 제품의 가격 사이에 선택의 폭을 넓혀 중고가와 중저가 제품으로 차별화해 포지셔닝 했다. 저가는 품질이 의심스러워 구매를 꺼리고, 고가는 예산을 초과해 구매를 꺼리는 경우가 많다. 이 경우 많은 고객들은 중가 제품을 선택해 품질과 예산 모두 중간 정도의 가치를 선택하는 경우가 많으므로 고가와 저가의 중간값보다 다소 높은 중간재 가격을 책정했다.

다섯 번째, 설문조사를 실시했다

일반 헬스클럽 및 소형 병원과 한의원을 대상으로 한 저가제품은 정확한 시장 상황과 적정 가격을 책정하기 위해 고객이 느끼는 자사 제품의 제공 가치를 고려해 지불할 수 있는 최대 금액이 얼마인지를 문의하는 설문조사를 전국 지사장들과 현장의 고객을 대상으로 실시했다. 저가 제품은 자사와 경쟁사 모두에게 가장 큰 시장이고 경쟁이 가장 치열한 상황이었기 때문에 이 조사는 매우 필요했다.

이때 가격뿐만 아니라 자사와 경쟁사 제품에 대한 기술, 성능, 가치 등을 설명한 후에 지불할 수 있는 가격에 대해 파악했고, 가격 변동에 따른 매출액과 영업이익의 변화를 당사와 경쟁사 모두를 반영해 시뮬레이션을 실시했다. 그 당시 자사의 판매가격이 경쟁사의 판매가격 대비 매우 높았지만 시뮬레이션 결과 두 제품의 가격 차이를 반으로 줄일 경우 자사는 매출액이 증가하고 이익도 낮은 변동비로 인해 증가하는 것으로 계산되었고 경쟁사는 매출액과 이익이 대폭 감소하는 것으로 계산되었다.

이런 결과치는 저가 제품의 경우 가격탄력성이 고가 제품보다 높고 저가 제품을 구매하는 고객의 경우 예산이 매우 한정되어 있어 작은 가격의 인하만으로도 판매수량과 매출액의 큰 증가가 가능하기 때문이다. 가격 정책 변동 후 자사는 매출액과 이익이 증가했고 경쟁사는 매출액과 이익이 대폭 감소했다. 그 후 경쟁사는 어려운 상황에 처해 타 기업에 매각되었다. 특별한 투자 없이 가격 정책의 변화로 승부한 것으로 다른 어떤 전략보다도 즉각적으로 커다란 성공을 할 수 있었던 것이다.

매출액과 이익 증대는 가격이 결정한다

경영자는 회사의 이익을 증대시키기 위해 생산성을 향상시켜 원가를 인하하고 적극적인 마케팅과 영업 활동으로 매출액을 증대시켜야 한다. 하지만 매출액과 이익의 증대는 마케팅이나 영업 활동에 우선해 가격에 달려 있다. 경영자는 원가 인하와 매출액 증대를 추진하기에 앞서 자사 제품의 가치와 가격을 분석하고 적절한 가격 정책을 통해 제품의 가치를 제고하고 이익을 극대화해야 한다.

신시장이 개화되고 있다면 기존 유통업체를 선점하라

건강체력 측정 시스템 도입에 따른 신시장이 열리다

교육과학기술부는 2009년부터 전국 초·중·고등 학교에서 시행하던 체력장 제도를 개정해 '팝스(PAPS, Physical Activity Promotion System)'라고 불리는 새로운 체력 평가 시스템을 도입해 실시했다. '학생건강체력평가 제도'인 이 시스템은 학생 스스로 자신의 건강관리가 가능하도록 하는 것을 목표로 했다. 따라서 기존의 운동기능 중심적인 평가 제도를 건강 관련 평가 로 변환했고, 웹 기반으로 시스템을 구축해 건강 체력 정보를 관 리하고, 그에 맞는 운동 처방을 내릴 수 있도록 했다.

팝스는 필수 평가와 선택 평가로 나뉜다. 필수 평가에는 5개 의 체력 요인인 심폐 지구력, 유연성, 근력 및 근지구력, 순발력, 체지방이 포함되어 있고, 선택 평가에는 심폐 지구력 정밀 평가,

비만 평가, 자기신체 평가, 학생 자세 평가가 있다.

학교 교육 현장에서는 이 가운데 필수 평가에서 체지방, 선택 평가에서 비만 평가를 실시한다. 이때 필요한 장비가 자사에서 개발해 판매하는 체성분분석기이다. 나는 학교라는 신시장이 형성된다는 점을 높이 평가했고, 학생들이 자사의 장비를 갖고 비만 정도를 체지방률과 근육량으로 평가하게 된다면 성인이 되어서도 자사 브랜드의 제품을 계속 사용할 가능성이 높기 때문에 미래 사업을 위해 중요한 시장으로 판단하고 시장을 장악하기 위해 적극적으로 영업 전략을 수립하고 시행했다.

학교 시장 선점을 위한 3가지 노력

나는 곧 학교 시장을 선점하기 위한 영업 전략을 세우고 실행했다.

첫 번째, 가장 먼저 제도 시행 전에 실시하는 수년간의 시범 사업을 적극적으로 지원했다. 시범 사업의 경험을 통해 많은 학생을 한 번에 잘 측정할 수 있게 운영 프로그램을 개선하고 측정 결과와 진단에 따른 식이 및 운동 처방 프로그램을 선 개발했다. 학생건강체력평가 제도를 연구해 개발했고, 시범 사업을 진행한 인하대학교 사범대학 체육학과와 협력해 연구 및 시범 사업을 지원했고, 인하대학교의 연구 결과를 바탕으로 자사의 프로그램을 편리하게 개선했다.

두 번째, 학교가 장비를 어떻게 구매하는지, 장비를 공급하는 업체는 누구인지, 지역별·업체별 시장점유율은 어떻게 되는지 등 학교 시장을 조사했다. 조사 결과 학교 시장은 다른 시장과 다르게 지역별로 학교에 다수의 제품을 공급하는 특화된 업체들이 있고 지역별 대형업체의 영업력이 매우 뛰어나다는 사실을 확인했다. 또한 학교의 구매 방식은 지역교육청의 예산 수립과 집행에 큰 영향을 받고, 납품업체와 구매자 간의 오랜 거래 관계가 있는 것으로 파악되었다.

나는 기존에 당사가 선정한 지역별 대리점에서 학교 영업을 진행하는 것은 불가능하다고 판단했다. 지역별로 학교 영업에 특화된 대형업체들을 대리점으로 확보하는 것이 사업의 성패를 좌우할 것으로 판단했다.

세 번째, 학교 시장의 조사를 근거로 해 학교 영업 조직망을 구성했다. 먼저 전국을 아우를 수 있는 학교 영업 전문가를 학교 영업 책임자로 영입했고 전국의 주요 학교 영업업체를 방문해 평가를 실시하고 대리점을 선정했다. 자사는 기존에 전국 지역별로 독점 대리점을 선정해 운용하고 있었다. 따라서 학교를 대상으로 새로운 대리점을 지역별로 선정해 영업권을 줄 경우 기존 대리점으로부터 판매 독점권을 갖고 있는 지역에 소재한 학교 영업권을 박탈하는 것이므로 반발이 만만치 않았다.

나는 이 문제를 해결하기 위해 기존 대리점에게 학교에 판매하는 대신에 신규로 선정된 학교 영업 대리점이 판매 계약을 한 제품의 설치 및 AS를 담당하고 설치비와 AS 비용을 본사에서 별도로 지급하는 것으로 해서 기존 대리점에게 영업 및 판매 활동을 안 해도 학교 매출액이 늘면 설치비와 AS 비용에 대한 수익이 증가하는 조정안을 제시해 원만하게 합의를 이루어냈다. 기존 대리점과 신규 학교 전문 대리점이 판매 증대를 통해 상호 윈윈할 수 있는 체계를 구축한 것이다.

유통채널을 장악해 신시장을 선점하다

2009년 초등학교에 팝스가 실시되기 1년 전에 자사는 제품 개발, 전국적인 학교 전문 대리점의 선정 및 제품 교육을 완료했다. 이러한 사전 준비는 팝스 실시 후 전국적으로 70%가 넘는 시장 점유율 달성으로 돌아왔다. 이에 따라 자사는 연 100억 원 이상의 학교 관련 매출을 올려서 매출액 증대와 생산량 증가에 따른 제품당 고정비의 대폭 감소 및 영업이익의 증대를 동시에 이룩할 수 있었다. 신시장에 진입할 경우 기존에 판매하는 유통채널과는 다른 유통채널에서 판매해야 한다면, 다른 경쟁사보다 더 빠르게 신시장의 유통채널을 장악하는 것이 사업 성패를 좌우한다는 점을 명확히 보여준 대표적인 사례였다.

더욱 중요한 것은 초·중·고등학생들이 자사의 체성분분석기로 체지방과 근육량을 측정하고 비만 정도와 운동의 결과를 측정하는 경험을 하게 되었고 그 결과 학생들에게 자사 브랜드에 대한 인지도를 획기적으로 높일 수 있게 된 점이다. 팝스를 통한 자사 제품에 대한 사용 경험과 브랜드 인지도 증대는 향후 개인용 체성분분석기 시장의 개화 시기에 제품의 판매 증대에 큰 효과를 미칠 것으로 판단한다. 즉, 미래의 시장을 선점하게 된 것이다.

미래의 고객을 잡아라

체성분분석기의 구매자, 최종 소비자는 누구인가?

체성분분석기의 구매처는 병원, 한의원, 헬스클럽 등이다. 그리고 구매처에서 실질적으로 구매를 하는 최종 소비자(End-User)는 의사, 간호사, 한의사, 헬스트레이너이다. 이들 사용자가 제품을 선택하고 구매를 하는 데 가장 큰 영향을 끼치는 동기는 무엇일까?

첫 번째, 체성분분석기는 체성분을 측정하는 진단기기이므로, 정확도를 증명할 수 있다면 그 점이 우선적으로 고려할 요인이다. 체중계의 경우는 측정의 정확도를 검증할 수 있고 그 검증 결과에 따라 가치가 정해지고 그 가치가 가격으로 수렴한다. 하지만 체성분분석기의 경우는 신체에 미세전류를 흘러 신체 부위별 임피던스를 측정하고 이를 알고리즘을 활용해 수분, 근육량,

체지방량을 계산한다. 즉, 측정의 정확도를 과학적으로 증명해서 경쟁 제품과 차별화하기가 어렵다.

그럼 어떻게 제품의 정확도를 증명해 고객에게 납득시킬 수 있을까? 나는 의대 교수, 한의대 교수, 체육학과 교수가 연구용 장비로 자사의 장비를 사용한다면 다른 사용자들도 정확도에 대한 신뢰를 갖고 구매해 사용할 가능성이 가장 높다고 판단했다.

두 번째, 학교에서 학생 시절에 사용하고 사용법과 진단 결과를 활용하는 방법을 경험한다면 대학 졸업 후 체성분분석기를 구매할 때 과거에 사용한 적이 있는 장비를 사용할 가능성이 높다고 판단했다. 이러한 판단 결과에 따라 적극적으로 연구용으로 대학교수에게 장비를 공급하는 전략을 전개했다.

전문가, 대학교수에게 연구용 장비를 공급하다

나는 체성분 연구자들이 주로 논문을 발표하는 국내외 학회를 주시했다. 연구를 많이 하고 학계에 정평이 난 교수가 누구인지를 파악하고, 이 교수들이 체성분, 비만, 치료 효과, 운동 효과와 관련된 연구를 진행하는 경우 적극적으로 자사 장비를 무상으로 기증했다. 이때 단서 조건을 하나 요청했다. 연구 논문을 발표할 때 자사 장비를 연구 장비명으로 명기할 것을 요청한 것이다. 이 경우 교수가 작성하고 발표한 논문에 자사의 장비가 표기되고 이 기록은 관련 논문을 참조하는 연구자와 학생들에게 지속적으로 인용될 것이므로, 당사 장비는 저명 교수가 정확도를 인정한 연구용 장비라는 인정을 받게 된 것이다.

장비 지원에 대한 소문이 나기 시작하면서 많은 연구자로부터 장비 지원의 요청을 받았다. 우리는 저렴한 가격으로 장비를 공급해 국내 대부분의 관련 대학에 장비를 공급할 수 있었다. 또한 국내 시장에서의 경험을 바탕으로 해외에 국가별로 대리점을 선정하고 판매를 시작하게 되면, 처음의 요구조건은 자사 제품명의 홈페이지를 만들고 해당 국가의 저명한 체성분 분석 관련 연구 교수에게 장비를 공급해 연구 논문에 게재하고 정확도에 대한 레퍼런스를 만드는 것이다. 이런 영업 활동으로 자사의 장비는 연구자 및 사용자 사이에 정확한 장비라는 확실한 이미지 아이덴티티를 구축할 수 있었다.

미래 고객에게 씨를 뿌리고, 선점해 그 과실을 수확하다

더욱 중요한 것은 대학교에 장비를 공급할 경우 학생들은 자사의 장비를 가지고 연구를 하면서 장비의 브랜드, 사용법, 정확도에 대한 믿음을 갖게 된다. 이들은 대학을 졸업하고 관련 업계에 진출할 것이고 미래의 잠재적 고객이 될 것이다. 본인이 사용했던 익숙한 장비를 살 것인가, 아니면 사용 경험이 없는 장비를 살 것인가? 처음부터 답은 정해져 있다. 가격 등 다른 조건이 유사하다면, 고객은 사용 경험이 있고 익숙한 장비를 살

확률이 매우 높다. 이러한 미래 고객을 타깃으로 한 전략은 시간이 흐를수록 더 큰 효과를 발휘할 것이다.

자사가 2000년대 후반부터 2020년대 초반까지 매년 지속적으로 20% 이상의 매출액 성장을 달성하는 것은 비만 시장이 지속적으로 성장하는 데에도 원인이 있지만, 주요한 원인은 따로 있다. 초기부터 미래 고객을 장악하는 대학교 공략 전략을 세워서 학생들에게 씨를 뿌리고 지속적으로 정성을 다해 싹을 트이고 열매를 맺어 그 과실을 따고 있는 것이다. 사업은 장기적인 안목에서 미래 고객을 장악해 미래 시장을 선점하고 장기적인 성장을 달성해야 한다.

경쟁사의 강점을 공략하라

경쟁사의 강점을 공략해 자사의 주 제품 시장을 지킨다

최근 반도체 업계의 거인인 인텔과 삼성전자의 기사가 한 달 간격으로 경제면을 장식했다.

미국 반도체 회사 인텔이 게임용 그래픽처리장치(GPU) 시장 진출을 선언했다. 엔비디아와 AMD가 양강 체제를 구축하고 있는 GPU 시장에서 저가 제품을 내세워 승부한다는 계획이다.

월스트리트저널(WSJ)에 따르면 팻 겔싱어 인텔 최고경영자(CEO)는 27일(현지 시간) 열린 '2022 인텔 이노베이션'에서 "게임용 GPU 시장에 재진입할 것"이라고 밝혔다. 다음달 12일 게임용 GPU를 출시할 예정이다.

현재 GPU 시장은 엔비디아와 AMD가 양강 체제를 구축하고 있다.

인텔은 중앙처리장치(CPU) 분야에서는 강하지만 GPU 시장에서는 그렇지 못하다.

인텔은 엔비디아, AMD와 비교해 성능보다 낮은 가격을 강점으로 삼아 시장을 파고들겠다는 전략이다.

- 박주연, "인텔 '게임용 GPU 내달 출시'…엔비디아AMD에 도전장", 〈한국경제〉, 2022. 9. 28.

최첨단 파운드리(반도체 수탁생산) 공정 개발에 주력한 삼성전자가 '전통·특화' 공정 투자도 확대하는 방향으로 전략을 수정했다. 세계 1위 파운드리 업체 대만 TSMC의 텃밭으로 불리는 전통·특화 공정 시장에서 고객을 끌어와 점유율 격차를 줄이려는 전략이라는 분석이 나온다. (중략)

파운드리 공정은 크게 최첨단, 전통, 특화로 구분한다. 최첨단 공정에서는 스마트폰 등에 들어가는 애플리케이션프로세서(AP) 같은 초소형·고성능·저전력 반도체를 생산한다. 전통 공정에서는 미세화 필요성이 크지 않은 차량용 반도체, 센서 등을 제조한다. 특화 공정은 특정 고객의 요청에 맞춰 전통 공정을 일부 개선한 것이다. 삼성전자는 그동안 7나노미터(nm·1nm=10억분의 1m), 5nm 등 최첨단 공정에서 TSMC와 경쟁하는 데 주력했다. 후발주자로서의 생산 능력 한계를 기술력으로 만회하기 위해서다.

- 황정수, "삼성전자의 파운드리 승부수…전통·특화공정 10개 더 늘린다",
〈한국경제〉, 2022. 10. 23.

앞의 사례에서 잘 나타나듯이 왜 인텔과 삼성전자는 본인들

의 주력 사업인 CPU와 최첨단 파운드리 사업이 아닌 경쟁사 대
비 경쟁 열위에 있는 GPU 칩과 전통·특화 공정 파운드리 사업
에 투자를 강화하고 경쟁사의 강점을 공략하는 것일까? 경쟁사
의 강점을 공략해 어떻게 경쟁에서 이길 수 있는지 알아보도록
하자.

경쟁사의 강한 사업, 제품을 공략하는 이유는 무엇인가?

전통적인 CPU의 강자인 인텔은 CPU 시장에서 경
쟁사의 강력한 도전에 직면해 매출액과 수익이 정체되어 있는
상황이다. 경쟁사는 GPU와 비메모리 칩 시장에서 지속적인 매
출과 이익의 성장을 기록하고 있고, 이를 기반으로 CPU 시장에
서도 강력한 도전을 하고 있다. 위기감을 느낀 인텔은 CPU 시장
을 방어하기 위해 경쟁사의 강점인 GPU 시장을 공략해 경쟁사
의 매출액과 이익을 감소시키는 전략을 취한 것이다.

삼성전자 역시 파운드리 시장에 진입해 최첨단 공정에 기술
개발과 투자를 집중해 TSMC와 경쟁을 하고 있지만, 경쟁사가
전통·특화 공정에서 막대한 매출과 이익을 독점적으로 확보하
고 있는 이상 최첨단 공정에서도 우위를 점할 수 없다고 판단하
고 경쟁사의 강점을 공략해 경쟁사의 매출과 이익을 감소시키는
전략을 채택한 것이다. 경쟁사의 주력 사업을 공략해 매출액과
이익을 감소시켜야, 자사의 주력 사업에 대한 경쟁사의 도전을

약화시킬 수 있고 경쟁사와의 경쟁에서 승리할 수 있기 때문이다. 나 또한 경쟁사의 강점을 공략해 사업의 반전을 모색했다.

경쟁사의 강점을 공략해 시장 우위를 점하다

나는 2000년대 후반 체성분분석기 시장에서 경쟁사와 치열한 경쟁을 벌이고 있었다. 경쟁사는 병원용 혈압계 부문에서 국내 1위의 회사로 매출액과 이익이 꾸준히 증가하는 상황으로 혈압계에서 나온 수익으로 체성분분석기를 개발하고 적극적인 영업으로 자사의 시장을 공략하고 있었다. 자사는 경쟁사와 전쟁에서 이길 수 있는 방법은 경쟁사의 강점인 혈압계를 공략해서 체성분분석기 시장을 지키는 것으로 판단해 이 방법을 시행하기로 결정했다.

첫 번째, 신속한 제품 도입 및 신제품 개발, 출시로 속도 경영을 추진했다. 아무리 좋은 전략도 적기에 실행하지 못한다면 효과가 반감되기 때문이다. 현재 경쟁사는 매출액과 이익이 증대해 경쟁력이 강화되고 있었고, 자사는 체성분분석기 시장에서 고전하고 있는 상황이었기 때문에 신속하게 신제품을 출시해야 했다.

두 번째, 신제품 도입을 통한 제품믹스 전략을 실시했다. 고가 제품의 경우에는 프리미엄 혈압계를 일본 회사로부터 OEM으로 제품을 공급받아 대학병원 등 프리미엄 시장을 공략했다. 저가 제품의 경우는 제3의 업체 제품과 자사에서 신규 개발한 제품으로 경쟁사보다 낮은 가격 정책으로 시장을 공략했다. 이때 내가 예측한 경쟁사의 대응 방안은 2가지였다. 하나는 경쟁사가 기존의 가격을 유지해 자사의 저가 제품과 경쟁을 하는 것이다. 이 경우 경쟁사는 시장점유율 하락과 매출액 감소로 인해 고정비가 증가하고 이익이 감소할 것이다. 다른 한 가지는 경쟁사가 기존의 가격을 낮춰서 자사의 제품과 경쟁하는 것이다. 이 경우 자사의 제품 생산 및 판매량은 적어 피해가 없는 반면, 경쟁사는 주력 제품의 판매가격 하락으로 매출액이 막대하게 감소하면서 이익이 감소할 것이다.

세 번째, 저가형 병원용 혈압계로 상향가압식 측정 방법을 채택해 기존 혈압계로 측정할 때 발생하는 팔의 아픔을 감소시키는 기술을 적용했다. 차별화 기술을 통해 고객의 미충족 니즈인 측정 시 아픔을 해결했고, 우리는 마케팅과 영업에 이 점을 적극적으로 활용해 단기간에 시장 점유율을 높이는 데 성공했다.

결론적으로 가격은 점진적으로 하락했고, 자사가 신규 혈압계를 출시하고 2년 후 시장점유율을 40% 이상 확보해 경쟁사의 강력한 수익기반을 약화시키는 데 성공했다. 즉, 경쟁사의 주력 사업인 병원용 혈압계 사업을 공략해 경쟁사의 매출액과 이익을 감소시키고 체성분분석기에 대한 투자 여력을 감소시켰다. 경쟁사의 강점을 공략하는 데 성공한 이후 자사는 체성분분석기 시장뿐만 아니라 병원용 혈압계 시장에서도 국내 1위 업체로 성장했다.

경쟁사의 강점을 공략할 경우 주의할 사항들

모든 경우에 경쟁사의 강점을 공략할 수 있는 것은 아니다. 다음과 같은 전제 조건을 갖춰야 한다.

첫 번째, 경쟁사와 경쟁할 수 있는 충분한 현금을 보유하거나 현금 창출 능력이 있어야 한다.

두 번째, 자사가 경쟁 우위에 있는 주 제품을 통한 수익이 경쟁사의 주력 제품과 경쟁을 통한 손실을 충분히 해결할 수 있어야 한다.

세 번째, 경쟁사의 강점을 공략할 수 있는 차별화된 경쟁품이 있어야 한다. 즉, 경쟁 제품보다 차별화된 기술 또는 장점, 더 저렴한 원가, 더 좋은 품질 중 최소한 하나의 조건을 갖춰야 한다.

이러한 3가지 전제 조건이 갖춰졌다면 자사와 경쟁사에 대한 비교 분석 및 시장 상황 분석을 통해 경쟁사의 강점을 공략할 경우에 발생할 결과를 시뮬레이션해서 분석한 후에 철저한 계획과 마케팅 전략을 세워서 반드시 성공하는 도전을 해야 한다.

업의 본질을 재정의하라

사업의 성공은 '업의 본질' 파악이 출발점이다

사업 성공의 출발점은 '업의 본질'을 파악하는 것이다. 따라서 사업가라면 자기 사업의 본질을 정확하게 꿰뚫어 보고 '업의 본질'에 맞는 사업 목표를 수립하고, 시스템을 구축하고, 사업 전략의 수립과 실행을 통해 사업을 추진해야 한다. '업의 본질'에 부합하는 사업을 통해서만 매출과 이익을 확보하고 지속적인 성장이 가능하다. '업의 본질'을 잘못 파악하고 사업을 수행한다면 사업의 방향을 잘못 설정하고, 잘못된 사업 전략의 수립과 실행으로 회사는 어려워질 것이다.

이 '업의 본질'은 시대 및 환경의 변화에 따라 변화해야 한다. 일례로 엔진으로 구동되는 내연 자동차가 모터로 구동되는 전기 자동차로 혁신되면서 동력을 만들고 전달하는 파워 트레인 부품

246

이 단순하게 줄어들어 최대 80% 이상이 없어지는 커다란 변혁이 일어나고 있다. 이런 상황에서 자동차 부품 회사는 '업의 본질' 변화가 불가피하다. 현대자동차는 모빌리티 회사, 로봇 회사로 발전하겠다고 선언했고, 전기자동차의 선두 기업인 테슬라는 이동의 혁신을 넘어서 애플과 같은 콘텐츠를 제공하는 플랫폼 회사로 사업의 방향을 잡고 있다.

그러므로 이런 자동차업체를 대상으로 지속적으로 판매하고 싶다면, 자동차 회사의 업의 본질 변화에 맞춰 자사의 업의 본질도 같이 진화해야 한다. 기술과 시장이 급변하는 변혁의 시대에 변화를 미리 예측하고 '업의 본질'을 진화시켜야 한다. 과거에 안주하고 미래를 예측하는 데 소홀하다가는 한순간에 역사의 뒤안길로 사라지는 기업이 될 것이다.

스토어 임대로 사업 모델을 변경한 맥도날드

'업의 본질'을 재정의해 사업 성공을 달성한 가장 대표적인 업체는 맥도날드일 것이다. 맥도날드는 우리 모두 잘 알고 있는 햄버거 프랜차이즈 사업을 하는 업체이다. 1948년에 오픈한 맥도날드는 공장의 생산 시스템과 유사한 햄버거 생산 시스템을 도입해 조리 시간의 단축, 품질의 균일화, 생산단가의 인하를 달성했고, 일회용 용기 사용 등 효율적인 서비스 시스템을 도입해 서비스 시간을 획기적으로 단축했다. 사업 초기 성공적인 사업 모델을 구축해 프렌차이즈 사업으로 확장했지만 사업 운영 미숙으로 사업에 어려움을 겪고 수익을 내기 어려웠다.

맥도날드의 성공 가능성을 확신한 레이 크록은 1954년 프랜차이즈 경영권을 인수하고 1961년 현금 290만 달러에 모든 사업 권리를 인수했다. 미국 전역으로 사업을 확장했지만 프랜차이즈 사업으로 햄버거를 만들고 스토어를 운영하는 방법만을 제공해서는 수익을 창출하기 어려웠다. 이 상황을 타개하기 위해 건물을 매입해 스토어 임대를 하고 임대 수익을 올리는 방식으로 사업 모델을 변경했다. '업의 본질'이 햄버거 프랜차이즈 사업에서 부동산 임대업으로 바뀐 것이다. '업의 본질'을 재정의하고 사업 모델을 바꾼 하나의 변화가 지금 부동산 재벌, 맥도날드를 만든 것이다. 업의 본질에 따라 기업은 사업의 목표, 전략, 시스템이 모두 그에 맞춰 추진되고, 사업의 성공 여부가 출발점부터 결정된다.

호텔업의 본질을 부동산업으로 바라본 호텔신라

호텔신라 역시 업의 본질을 재정의해 사업 변화에 혁신을 가져왔다. 이병철 회장이 미국 출장 중 호텔신라 지사장에게 호텔업의 '업의 본질'에 관해 얘기한 일화는 현재까지 회자되고 있는 유명한 이야기이다. 이병철 회장이 지사장에게 물었다. "호텔업의 본질은 무엇입니까?" "네, 좋은 서비스를 제공해 고객을 만족시키는 것입니다"라고 지사장이 답하자, 이 회장은 당시 부장인 지사장에게 부장의 입장에서는 그렇게 볼 수도 있겠지만 "호텔업의 본질은 부동산업이다"라고 했다. 왜냐하면 입지에 따라 고객들이 달라지고 그에 따라 서비스가 달라지니 업의 본질을 부동산업으로 정의한 것이다. 업의 본질에 대한 정의에 따라 사업 목표가 '만족스러운 서비스 제공'에서 '좋은 입지의 부동산 확보'로 전환된 것이다.

업의 본질 변화에 따라 사업 전략과 운영이 달라지고 사업 실적에도 커다란 차이를 가져온다. 호텔신라의 사업 성공과 성장은 '업의 본질'을 부동산업으로 정의한 것으로부터 출발점이 된 것이다.

형단조 사업에서 건설중장비 부품 사업으로 확장하다

2018년 형단조 회사의 CEO로 취임하고 즉시 회사의 현황과 업의 본질에 대하여 파악을 시작하였다. 회사는 과거 40년간 국내 최대 형단조 회사로 상용차와 선박 엔진 관련 대형 형단조 제품을 상용차 및 선박 엔진 회사에 판매하는 형단조 사업을 업의 본질로 하고 있었다. 하지만 국내 상용차 시장과 선박 엔진 시장은 과거 10년간 시장의 수요가 50% 감소하는 전형적인 레드오션 시장이다. 또한 형단조 제품은 특수강을 가열하여 단조하는 공정으로 부가가치의 창출이 제한적이고 수익성이 낮아 회사는 이익을 내기가 어려우며 성장을 기대하기는 더 어려운 상황이었다.

나는 자사의 업을 저부가가치를 창출하는 형단조업에서 고부가가치를 창출하는 '완성 부품업'으로 재정의하였다. 자사가 현재 확보하고 있는 대형 형단조 설비와 이 부분의 전문 기술 우위를 기반으로 열처리, 가공, 도장, 조립을 통해 완성 부품에 대한 제조 경쟁력을 충분히 확보할 수 있다고 판단하였다.

그리고 대상 판매 시장을 상용차, 조선 시장에서 농기계, 건설 중장비 시장으로 전환하였다. 건설중장비 시장은 세계 도시 빌딩의 리모델링으로 인하여 연 5% 이상 성장을 하고 있고 농기계 또한 노동인구 감소 및 자동화 농기계의 사용 증가로 지속적인 성장이 예상되는 기대되는 시장이다. 건설중장비 및 농기계 부품은 형단조로 생산하는 부품의 종류와 수요 수량이 많고 수요 업체 또한 다수의 기업이 미국, 일본, 유럽 등 전 세계에 포진하고 있어 세계시장을 대상으로 다수의 업체에 공급할 수 있어 사업의 안정성과 성장성을 확보할 수 있다고 판단하였다.

자사는 업의 본질을 재정의하고 빠른 사업 변신에 성공하였다. 완성 부품 영업을 시작하고 2년이 지난 시점에 미국과 일본의 메이저 4개 건설중장비 회사로부터 불도저(Dozer) 부품인 엔드 비트, 굴삭기 부품인 보스류, 스프로켓, 및 아이들러를 수주하고 개발, 납품에 성공하였다. 단조품 판매에서 완성 부품 판매로 전환하여 창출하는 부가가치를 증가시켰고 이는 이익률 증가로 연결되었다. 건설중장비 시장의 성장에 비례하여 매출액 또한 증대가 예상되어 장기적인 성장을 구현할 수 있게 되었으며, 세계 1위 건설중장비 회사와 또 다른 메이저 건설중장비 회사에 대한 판매 레퍼런스로 타 건설중장비 회사로의 판매 기회가 높아진 것은 더 높은 성장 기회를 제공할 것이다.

　미래 시장의 성장 방향을 예측하고 수요의 변화를 예측하여 '업의 본질'을 재정의하는 것이 기업의 성장, 발전에 어떤 영향을 끼치는지를 명확하게 보여준 사례다. 회사가 매출액이 정체되고 있는가? 회사의 상황이 어려운 방향으로 가고 있는가? 지금 '업의 본질'을 재정의하고 회사의 강점을 활용하여 시장의 변화에 맞추어 '업의 본질'을 진화시키자.

북큐레이션 • 4차 산업혁명 시대를 주도하는 이들을 위한 라온북의 책

《턴어라운드 4.0》과 함께 읽으면 좋을 책. 기존의 공식이 통하지 않는 급변의 시대, 남보다 한발 앞서 미래를 준비하는 사람이 주인공이 됩니다.

판을 바꾸는
질문 경영
챌린지

300% 질문 경영

박병무 지음 | 13,500원

생존을 위해 300% 성장하는 경영의
핵심 노하우가 실린 실전 지침서

이 책은 핵심을 꿰뚫는 리더의 질문은 능동적이고 생산적인 회의 분위기를 만들고 리더의 경청과 인내는 기업 문화를 바꾸어 마침내 경영 프로세스의 체질까지 바꾸는 혁신으로 이어질 것임을 보여준다. 그리고 그 솔루션인 질문 경영 전략을 제시하고 있다. 괄목할 만한 기업 생산성과 효율성의 향상을 꾀한다면 대기업, 중소기업을 막론하고 조직혁신의 지름길인 질문 경영 프로세스로의 리셋 작업을 서둘러야 한다는 것을 이 책에서 질문 경영 성과 사례들을 통해 피부로 느낄 수 있을 것이다.

혁신을 가져오는
'3P' 영업 비법

300% 강한 영업

황창환 지음 | 14,000원

내 기업의 강점은 살리고 매출을 올리고 싶은가?
강한 기업을 만드는 강한 경영자가 되는 비밀을 담았다!

3년 적자 기업을 신규 고객 창출로 흑자 전환한 경험, 2년 만에 40개가 넘는 신규 지점을 개설한 경험, 폐점 직전이었던 매장의 영업 실적을 50% 이상 증대시킨 경험, 정체되어 있어 있던 매출을 두 자릿수로 성장시킨 경험 등 저자의 실제 영업 성공 사례와 생생한 노하우를 한 권에 담아냈다! 언제 어디서나 기업에 혁신을 일으킬 수 있는 영업 비법을 손에 쥐고 싶은가? 시대와 시장의 흐름에 영향받지 않는 지속적인 매출과 경영 성과를 얻고 싶은가? 그렇다면 지금 당장 강한 기업이 되기 위한 첫 번째 관문, 바로 '강한 영업'을 시작하라!

스마트오피스에 대한 가장 완벽한 해답

스마트오피스 레볼루션

김한 지음 | 15,800원

10년 후에도 우리 회사가 살아남으려면?
스마트한 인재가 모이는 스마트오피스가 답이다!

예측하기 힘든 4차 산업의 혁명기 속에서 기업이 생존하려면 무엇이 필요할까? 바로 스마트한 인재(스마트 워커)다. 그들을 어디에서 찾냐고? 생각보다 어렵지 않다. 우리가 찾는 대신 그들이 우리 기업으로 오게끔 하면 된다. 이 책은 4차 산업 혁명 시대의 큰 물결 앞에서 경쟁력 확보를 원하는 기업에게 공간의 힘을 기반으로 한 기업문화 혁신 모델을 제시한다. 재택근무와 화상회의, 자율좌석제 도입을 넘어서 10배 생산성을 가진 스마트피플이 마음껏 일하고 AI, 로봇과 함께 일하도록 기업 업무 환경에 혁신을 일으키는 방식을 제안한다.

플랫폼과 콘텐츠의 관계 분석

애프터 코로나 비즈니스 4.0

선원규 지음 | 18,000원

강력한 생태계를 만들어가는 플랫폼 사이에서
생존하는 콘텐츠를 발견하라!

앞으로의 미래 시장에서 살아남으려면 플랫폼과 콘텐츠 중에서 어떤 것에 중점을 두어야 할까? 이 책은 이 문제에 대해 해결점을 찾아갈 수 있도록 플랫폼과 콘텐츠를 자세히 다루고 있다. 현 사회와 플랫폼과 콘텐츠의 상관관계를 이야기하며 플랫폼과 콘텐츠 사업모델의 다양한 종류를 소개한다. 또한 어떻게 해야 강력한 플랫폼과 콘텐츠를 만들 수 있을지 그 전략을 설명하며 앞으로의 미래 시장의 전망을 다루고 있다. 이 책을 통해 수많은 콘텐츠가 유입되는 사랑받는 플랫폼, 플랫폼의 러브콜을 받는 콘텐츠를 개발할 수 있을 것이다.